知的生きかた文庫

アタマが1分でやわらかくなる すごい雑学

坪内忠太

JN102877

三笠書房

はじめに

驚き、不思議、納得――「アタマ」を1分でやわらかくする知識の泉

ようこそ、知的刺激に満ちた「すごい雑学」の世界へ！

はじめに、この本を使って脳を鍛える、トクする読み方をお知らせします。

本文を読む前に、まず、クイズ形式の目次を眺め、その1つを選んで、自分なりの答えを考えてみてください。その後で、本文を読みます。たった、それだけです！

その答えが正解なら、あなたの脳は喜び、ハズレでも、その答えの意外性に驚き刺激されるでしょう。例えば――

●相撲の行司の掛け声、ハッケヨイノコッタの「ハッケヨイ」とは？
●飲み屋のちょうちんは、なぜ赤色か？
●カタツムリは右巻きか、左巻きか？

●夫婦ゲンカをしてダイコンをおろすと辛くなる。なぜか？
●なぜ、ネコは年寄りが好きか？

近年の脳科学によると、脳は、意識してトレーニングすれば、腕や脚の筋トレ同様、効果がちゃんと表れるといわれています。そのために音読や計算の効果は広く知られているところですが、もちろん、雑学もその1つです。脳は「わかった！」という瞬間、喜びを感じ、その喜びが脳を強くし、たくましくします。

本書では、日常的に使っている言葉や、普段何気なく目にしているもの、生き物、植物から人体のふしぎまで、他ではお目にかかれない291の雑学ネタを取り上げています。

1つのネタを読むのには、1分もあれば十分です。ちょっとした移動時間や寝る前などのすきま時間に、ぜひ本書を活用し、有意義に楽しんでいただけることを願ってやみません。

坪内忠太

★目次

1章 裁判官は、なぜ黒い衣装をまとっているか？

【実は知らないおもしろ】雑学

2章

ビタ一文渡さないという「ビタ」って何のこと？

【気になるルーツ・語源】雑学

3章 浦島太郎が助けたカメは、オスかメスか？

【生きもの】雑学

4章 植物をやさしく撫でると、早く花が咲くのはなぜ？

【植物・自然】雑学

5章 朝日はまぶしいのに、なぜ夕日はまぶしくないか？

【人体のふしぎ】雑学その①

6章

長湯をすると、なぜ指先にシワができるのか?

【人体のふしぎ】雑学その②

7章 なぜ寿司屋では、酢飯のことをシャリというか？

【食べ物】雑学その①

8章

飲み屋のちょうちんは、なぜ赤色か?

【食べ物】雑学その②

本文イラスト／ＢＯＯＬＡＢ．
本文ＤＴＰ／株式会社 Sun Fuerza

1章

裁判官は、なぜ黒い衣装をまとっているか？

【実は知らないおもしろ】雑学

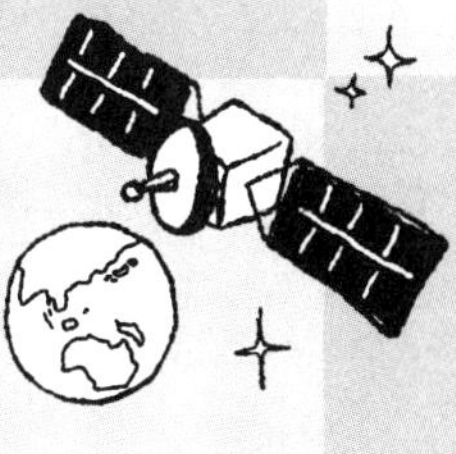

蚊取り線香は、なぜ渦巻になっているか？

アメリカから原料の除虫菊が伝わったのは1885年（明治18年）だから、蚊取り線香が生まれたのは明治以降である。はじめ、線香のような棒状だったが、倒れて火事になることもあった。1895年頃、大日本除虫菊（株）創業者の妻が蔵の中でとぐろを巻くヘビを見て、その話を夫にしたところ即座に渦巻状の蚊取り線香を思いついた。渦巻状なら、寝かせて燃焼できるので安全、しかも長いので長時間燃やすことができる。現在は30センチメートル、75センチメートル、125センチメートルのものが販売されており、燃焼時間はそれぞれ3時間、7時間、12時間だ。

温泉宿の料理は、なぜ、あんなに品数が多いのか？

昔から、日本料理には品数を多くし奇数でまとめるという伝統があった。少しずつの料理を皿数多くにぎやかに出すのが縁起がよいとされたのである。数え方は、ご飯と1汁4菜（おかずを4皿）が5品である。奇数といっても、たくあんなどは、3切れは「身切れ」、4切れは「死」につながるというので2切れか5切れにしてある。

裁判官は、なぜ黒い衣装をまとっているか？

ニュースやドラマで、よく裁判官の姿を見かける。男女を問わず、全員黒い衣装を身にまとっている。これは「法服」といい最高裁判所規則で裁判官の制服とされている。だから全員が着用しているわけだ。なぜ黒なのかというと、「どんな色にも染まらない」「どんな意見にも左右されない」という意味だそうである。

トライアスロンの競技種目は、なぜマラソン、自転車、水泳か？

もともとハワイにはホノルルマラソン、オアフ島1周サイクリングレース（自転車）、ワイキキ・ラフ・ウオータースイム（水泳）の3つの大会があった。1977年にこの3つの大会のうちどれが一番精神的に過酷かという論争が米海兵隊を発信源に広がり、それならいっそのことマラソン、自転車、水泳を一緒にした競技大会をやればいいという話になり、1978年2月に15人が出場して第1回のトライアスロン大会が開かれた。それが世界に広まった。競技は水泳、自転車、マラソンの順に行われる。

上映中の映画館に入ると一瞬何も見えなくなる。なぜか？

目の網膜には明るい光のもとで働く円錐《えんすい》形の視細胞（錐体《すいたい》細胞）と薄暗い光のもとで働く棒状の視細胞（桿体《かんたい》細胞）があり、一方を使っている時、他方は休んでいる。休んでいるとは、例えば桿体細胞だと、ロドプシンという物質がビタミンAとたんぱく質に分解されている。夕刻になってだんだん暗くなると、この2つが合成され、ロドプシンとなって桿体細胞は働くようになる。すると薄暗いところでも見える。合成に時間が必要なのだ。だから、暗い映画館に入ると桿体細胞は急に機能できないので何も見えない。だが、時間がたつと見える。

なぜ、じゃんけんで最初に出すのは「パー」が有利か？

「じゃんけんポン、最初はグー」は、東京・神楽坂の芸者がお座敷遊びでやっているのをドリフターズのメンバーが見て、番組で使ったところ、子どもの間で爆発的に広まったものだという。しかし、じゃんけんで最初に出すのは「グー」より「パー」の方が勝ちの可能性が高い。桜美林大学のあるゼミで1万1567回のじゃんけんの記録を取ったところ、最初は「グー」が一番多かった。だから、「パー」を出せば確率的に勝つ可能性は高くなる。最初に「グー」を出すのは、人は、緊張した時に手を握り締めるからだという。

弁当の割り箸を、食べ終わった後、折るのはなぜか？

駅弁についている割り箸を、折って捨てるのは、捨てやすくするためと思っていないだろうか。

それはそうだが、駅弁に限らず、昔から、割り箸は折って捨てるものという習慣があった。今は、ソバやうどんを食べて折る人はいないが、江戸時代は、他人の使った箸を使うと、口から災いが入り込むと考え、使うとすぐに捨てていたのである。その習慣が現代にも引き継がれ、深い意味を考えることなく、折って捨てているのだ。

なぜ、飛行機雲ができるジェット機とできないジェット機があるか？

雲は大気中の水蒸気が上空で冷やされ水滴となり、これが大気中のチリにくっついて氷結したものである。飛行機雲も雲の一種だから同じ原理でできる。つまり、ジェットエンジンから吐き出された水蒸気が、排気ガスに含まれるチリにくっついて氷結するわけだが、その条件はマイナス30度C以下。そんな低温になるのは高度6000メートル以上ということになる。

また高度は十分でも大気が乾燥していると水蒸気は瞬間的に消えるので、ある程度の湿気も必要である。これらの条件が満たされた時、飛行機雲ができる。

鉄でできた重い船が、なぜ水に浮くか？

水に浮くのはそのモノが同じ体積の水より軽い場合である。1立方メートルの水と1立方メートルの木では木の方が軽いから浮く。鉄は重いので沈む。では、鉄を水より軽くするにはどうすればいいか。体積を大きくして中をくり抜けばいいのである。大きな体積の鉄の中身をくり抜けばどんどん軽くなり、やがて同じ体積の水より軽くなる。同じ原理で、鉄でできた船の中は空洞で同じ体積の水より軽い。だから浮く。

地球の周りを回っている静止衛星は、なぜ静止しているか？

気象衛星、通信衛星などの人工衛星はすべて地球の周りを回っている。一定の速度で回っているから、地球の重力（引力）に引かれているにもかかわらず落ちてこない。静止衛星も赤道上空3万6000キロメートルの円軌道上を回っている。人工衛星がこの高さの軌道を回るのに要する時間は24時間（1日）である。地球も24時間（1日）で自転しているから、人工衛星の地球に対する速度はゼロということで静止する。同じ速度で並んで走っている車同士が、互いに、相手に対して静止しているのと同じ原理だ。

400トンもある重い旅客機が、なぜ空を飛べるか？

飛行機が空を飛ぶのは、両翼が大気を切って進む時、揚力という上向きの力が生まれ機体を持ち上げるからだが、なぜ揚力が生まれるかというと大気に重さ（気圧）があるからである。大気の層の重さは、地上で1平方センチメートル当たり約1キログラム。だから、巨大な旅客機の翼には約5000トンの重さがかかっている。にもかかわらずつぶれないのは、上からだけでなく下からも横からも同じだけの気圧がかかっているからである。このバランスが崩れると、旅客機は上か下かどちらかに向かう。

専門家によると、両翼上面にかかる気圧が下面より10パーセント小さくなるだけで400トンの機体は浮き上がる。すなわち、旅客機が機首を上げ、スピードを増すと翼上を流れる大気が加速され、下を流れる大気より速くなる（ように設計されている）ので、「流れが速くなると圧力が下がる」というベルヌーイの法則によって上面の気圧が下がり、機体は下から押し上げられて空を飛ぶ。

さて、ジェット機は高度1万メートルの高空を飛行するが、これは高空の方が、空気が薄く抵抗が少ないからである。しかし、高空すぎると酸素が希薄になり燃料効率が悪くなる。そのバランスがちょうどいいのが1万メートルあたりである。

伊豆半島はかつて南方に浮かぶ島々だった。なぜ、わかるか？

インド半島がアジア大陸にぶつかったように、小規模ながら伊豆半島も、小笠原諸島のあたりにあった島が、地殻変動によって日本列島にぶつかり半島になった。その証拠となるのは半島各地で発見される有孔虫《ゆうこうちゆう》の化石。この虫は小笠原諸島に生息している種類だ。さらに、伊豆半島の奥の丹沢山塊もかつては島だったと考えられている。

東大寺の大仏が東京まで、休まず全力で走ったら、何時間かかるか？

奈良・東大寺の大仏様の顔は、奈良時代の仏像の顔としては、ちょっと奇妙な感じがする。それもそのはず、頭部は745年の東大寺建立時のものではなく、江戸時代に公慶《こうけい》上人によって新たに鋳造されたものだからだ。建立時のものは台座、腹、指などごく一部だけ。さて、この大仏様が立ち上がって東京まで休まず全力疾走したら、いったいどのくらい時間がかかるか、

歩幅をもとに計算した人がいる。約7時間だそうだ。

水道の水の出口をなぜ蛇口《じゃぐち》というか？

1898年（明治31年）、東京に、多摩川から引いた水をろ過して貯水池にため、鉄管や鉛管で配水する新しい水道が登場した。ただ、各家庭に引くには料金が高かっ

たので共同水道として使った。この水道の出口が竜の顔の形をしており（竜の口から水が出ているように見えた）、各家庭では持っている開閉鍵を竜の頭部に当たる穴に差し込んで回して出した。日本神話の八岐大蛇《やまたのおろち》が竜であることからわかるように、日本では竜は大蛇のことなので水の出口を蛇口といったのである。

なぜ、水道の蛇口の中にはギザギザの金具がついているか？

見てわからなければ、指で触ってみるといい。この金具は整流板といい、水が乱れのない1本の水流になるよう調整するために取りつけてある。水道管は蛇口に到達するまで、いろんなところでくねくねと曲がってきている。その中を水も曲がりくねりながら流れるが、この曲がる運動が「慣性」となり、そのままでは蛇口からシャワーのようになって飛び散る。そこで、整流板で、広がろうとする水を中央にまとめて1本にしているのだ。

エベレスト山頂部からヒトデの仲間の化石が出た。なぜか？

世界地図を思い浮かべてもらいたい。今はアジア大陸と陸続きになっているインド半島だが、５０００万年前は島だった。それが地殻変動によってアジア大陸に衝突し、そのまま押し上げてヒマラヤ山脈ができたのである。だから、ヒマラヤ山脈は、太古は海底だった。その証拠に、エベレスト山頂部からはヒトデの仲間の、ウミユリの化石が出土し、ヒマラヤ山脈の至るところで古代貝アンモナイトの化石が見つかったりしている。

今、水道から出てきた水は「恐竜のオシッコ」だったかもしれない。なぜか？

水道の蛇口をひねれば水が出てくる現代生活では、その水が太古から循環して現在に至っていることを忘れがちである。地球全体の水は全部で13億８６００万立方キロメートルくらいとされているが、この水は雲になったり、雨になったり、湖や川の水になったり、海になったり、恐竜時代には恐竜の小便だったりしたかもしれない。その同じ水が地球の力で浄化され、多くの生命を維持しながら今日も循環しているのだ。

ボクシングのリングは四角なのに、なぜリング（輪）か？

相撲の土俵のように円ならリング（輪）といえるが、ボクシングは四角だからリングとは違う。なぜリングだろうか。この名称にはちょっとした歴史がある。

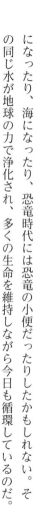

ボクシングが歴史上最初に登場するのは紀元前４０００年の古代エジプトで、「軍隊で行われていた」と象形文字で書かれている。その後、ギリシャ時代の古代オリンピックで正式種目となったが、ローマ時代になると見世物になり、４７６年の西ローマ帝国の滅亡とともに消えてしまった。この頃までの試合場はただの広場だった。リングはない。

現代に続く、近代ボクシングは１７１８年、イギリスのレスリング選手だったジェームス・フィグがジムを開いたのが始まり。その時の試合場はローマ時代と同じく地面だったが、そこにリング（輪）を描き、その中で、素手で戦った。やがて、ルールが整備され、観客が集まるようになると、よく見えるようにと、試合場は高いところに設けられ、また、落ちないよう周囲にロープを張ることになった。それにはリング（輪）より四角の方が張りやすいというので現在のような正方形になったが、リングという呼び名だけはそのまま残った。

リレーの最終走者や最終泳者を、なぜアンカーというか？

アンカーとは英語で錨《いかり》だが、それがなぜ、リレーの最終走者や泳者なのか？

もともとアンカーは、1920年のアントワープ大会までオリンピック正式種目だった「綱引き」で最後尾の選手のことをいった。アンカーには体重の一番重い選手が選ばれ、1人だけロープを肩にかけることが許された。やることは運動会の綱引きと基本的に同じである。この最後尾の選手を指すアンカーが、やがて、リレーでも使われるようになったのだ。

日本は、なぜ英語で「ジャパン」か？

ヨーロッパに日本の存在がはじめて伝わったのはマルコ・ポーロの『東方見聞録』による。中国人から聞いた話として「ジパングは宮殿や民家が黄金でできている」「人々は礼儀正しいが人肉を食べる」などと書かれている。中国語の「日本国＝ジーペンクオ」をジパングと聞いたのである。ジャパンはもともとは中国語だったのである。

記号で、なぜ男は♂で女は♀か？

♂と♀の記号は1753年にスウェーデンの植物学者リンネが考えた。リンネはそれまで知られていた動物と植物に関する情報を整理し分類表にまとめたことで知られ、「分類学の父」といわれている。男と女の記号も分類の1つだが、♂は占星術の火星、つまり戦いの神マルスから取った。マルスは手に盾と槍を持っているのでそれを記号化して♂。♀は金星、美の女神ビーナスが持っている手鏡を記号化したものである。

「いただきます」というのは料理人に対しての言葉ではない。なぜか?

料理をつくってくれた人や作物をつくってくれた人に、感謝の気持ちを込めて「いただきます」というのではない。正しくは、かまどの神様に向かって発する言葉である。かまどの神様とは今でいえば台所の神様だ。この神様は「ものをくださる神様」として、昔から、人々の信仰の対象となってきた。ものとは米や野菜などの作物、その他、森羅万象からのさずかりものである。その習慣が今に残り、子どもの頃にしつけられた人は「いただきます」「ご馳走さま」と習慣的に口にしているのである。

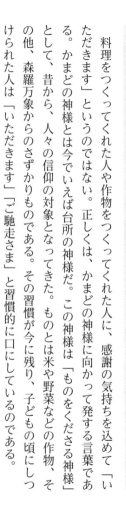

ダメになることを、なぜ「おじゃんになる」というか?

昔は、火事の時、火の見やぐらの半鐘(小さい釣り鐘)を打ち鳴らして皆に知らせた。そして、鎮火後もゆっくり半鐘をジャーン、ジャーンと打った。そこから、終わったことを「おジャーンになる」といい、転化して、ダメになることも「おじゃんになる」というようになった。

チャキチャキの江戸っ子というが、「チャキチャキ」とは？

音からすると威勢のいい江戸っ子を表す語源からきた言葉のように思えるが、チャキを表す漢字がある。嫡子や嫡男、嫡流の「嫡」で、チャキチャキは「嫡々」だ。嫡は「正しい血筋」を意味する言葉だから、嫡々はそれを2つ重ねて、「正統で生粋の」という意味。1代目や2代目ではなく、3代以上続いた江戸っ子ということだろう。

「人の噂も75日」というが、なぜ75日か？

冬至、啓蟄《けいちつ》、穀雨《こくう》、立秋、小雪といった季節の区切りがある。昔は15日を1節気とし、1年を24の気候の区切りで分けた二十四節気を使っていた。そこで75日だが、これは15日×5だから5節気分となる。二十四節気では、節気が5回巡ると春夏秋冬の次の季節に移る。つまり75日は「そこで1つのことが終わる」「終わって次に移る」

という目安の日数となっていた。だから悪い噂も75日で消えるとされたのである。

女性や子どものかん高い声を、なぜ「黄色い声」というか？

黄色い声というのは仏教のお経からきた言葉である。お経といえば眠くなるような単調な響きだが、中国から伝わったばかりの飛鳥時代にはもっと音楽的な高低強弱の響きがあった。そしてどの箇所の声を高くし、どの箇所を低くするかは、お経の文字の横に色で印がつけられた。その中の「一番高い音」の色が黄色だった。そこから、かん高い声を黄色い声というようになった。

2章

ビター文渡さないという「ビタ」って何のこと？

【気になるルーツ・語源】雑学

「かき入れどき」にかき入れるのはお金やお客ではない。では何か？

パソコンで「かきいれどき」を変換すると「書き入れ時」と出るが、これが正しい。商売繁盛で代金や客を「掻き入れる」のではないのだ。といっても、商売繁盛を表すことには違いない。江戸時代の商家は掛売りだったから、客に何をいくら売ったかを綿密に帳面に記録した。それをもとにして、盆と暮れに代金を回収していた。だから、商売繁盛の時とは、帳面に書き入れるのに忙しい時、すなわち「書き入れ時」である。

相撲の行司の掛け声は「ハッケヨイノコッタ」。ハッケヨイとは？

ノコッタは、「残った」で、まだ勝負がついていないことをいっているとわかるが、ハッケヨイとは、何の意味だろうか。これは、漢字で「発揮揚々」と書く。それゆけ、それやれ、もっとやれといった意味だ。行司はこの声をのべつ幕なしに出しているのではなく、見ていると、両者の動きが止まった時などに出す。気合を入れているのだ。

スポーツの試合でよく聞く天王山はどこの山か？

優勝候補が競り合っている時「今日が天王山といっていいでしょう」とアナウンサーが口にする。天王山は京都と大阪の間にある標高270メートルの平凡な山だが、1582年（天正10年）、豊臣秀吉と明智光秀が戦った山崎の合戦で両軍が対峙したことで有名になった。この地を先に制した方が戦況有利というので激しく戦われ、結局、天王山は秀吉の手に。これが天下分け目となったことから、勝負事の決戦や運命の分かれ目という時に使われる。

「聞いたふうなことをいうな！」というのは間違い。正しくは？

会話ではわからないが、「きいたふうなこと」と口にした人に、書いてもらうとほとんど「聞いたふうなこと」となる。小耳に挟んだ程度の知識をひけらかすという頭があるからだろう。正しくは「利いたふう」だ。「利く」は、鼻が利く、気が利く、目端が利くの「利く」だから、よく働く、物事によく通じているという意味である。

「後世《こうせい》おそるべし」の意味、正しくは？

世の中はどう転ぶかわからないから、将来への準備を怠ってはならないといった意味で「後世おそるべし」と覚えているなら間違いだ。この故事は孔子の『論語』の一節で「後生畏可」（後生畏《おそ》る可《べ》し）。後生とは「後から生まれた者」、つまり若者である。若者は学問を積み、将来どんな力を発揮するかわからないから、「安易な若者批判はやめ大きな目で見よ」という教えだ。今は駆け出しでも、やがて世の中の中心にすわるのが若者である。

聖徳太子の17条憲法は、なぜ15条や20条ではなく17条か？

第1条の「和をもって貴しとなす」で知られる聖徳太子の17条憲法は、切りのいい

15条や20条でもいいように思えるが、なぜ17条か。それは縁起をかついでいるからである。古代中国では奇数を陽数、偶数を陰数とし、陽数の一番大きな数の9と陰数の一番大きな数8を足した17は陰も陽も合わせた世界すべてを表すと考えた。だから縁起がいいとされたのだ。

「女心と秋の空」というが、なぜ「春の空」ではないか？

女心は秋の天気のようにめまぐるしく変わるというのが「女心と秋の空」だが、秋は運動会や遠足が催され、晴天続きで、そんなに激しく天気が変わるという印象はない。むしろ、春の方が、霞がかったり、満開の桜に雪が降ったりとめまぐるしいのではないかと思える。

しかし、この言い回しは、やはり秋でなくてはならない。なぜなら、「秋」と「飽き」をかけ、女心は飽きっぽく、変わりやすいといいたいからだ。

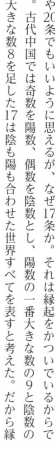

なぜ、太平洋は「太」で大西洋は「大」か？

太平洋の名づけ親はマゼランである。1520～1521年にかけての大航海中、南米南端のドレーク海峡で荒天と荒波に悩まされ、やっと南米大陸の西に広がる大洋に出たマゼランは、そこが静かで平穏だったところから「泰平」という意味のポルトガル名をつけた。それを日本語に翻訳して、泰平と太平は同じ意味だというので太平洋となった。大西洋は中国語で西洋を表す「泰西」が語源で、もともと泰西洋といっていた。西洋の向こうの大きな海という意味だ。それが、いつの頃からか大きな海を表すには大西洋の方がいいとなった。

なぜ、「匙を投げる」ことが、あきらめることになるか？

匙を投げると、なぜ、あきらめることになるのかと不思議に思うだろうか。しかし、この匙はスプーンではなくて、昔、医者が薬を調合する時に使った薬匙である。つまり、「どんないい薬を調合しても治る見込みがない病気」と医者が見立ててあきらめた時に、その匙を投げた。この医学用語が、一般でも使われるようになったのである。

なぜ、西表島の「西」を「いり」と読むか?

太陽が東から上がることを「日の出」、西に沈むことを「日の入り」というのは全国共通である。沖縄地方では、このことから、東を「あがり」と読み、西を「いり(入り)」と読む。だから西表島は「いりおもてじま」である。国の特別天然記念物のカンムリワシ、イリオモテヤマネコがいることで知られる島だ。

なぜ、山に登った時「ヤッホー」というか?

ヨーロッパ・アルプスの登山家が、ドイツ語の「JOHOO(ヨッホー)」という掛け声を口にしていた。それが日本に伝わり、「ヨッホー」が「ヤッホー」になった。ちなみに、ドイツ語でJはヤ行、日本はJAPANで「ヤーパン」である。

葬式に参列した後、なぜ体に塩を振りかけるか？

厄払いの禊《みそぎ》の代わりである。穢《けが》れを落とすための禊は、本来は、海に入って行うもの。しかし内陸部では海に入ることができず、塩で代用したものが慣習化した。

「さすが課長！　海千山千ですね」と褒めたつもりがムッとされた。なぜか？

上司の巧みな交渉術に敬意を込め「さすが！　海千山千……」とやって、嫌な顔をされたことはないだろうか。それは、海千山千には、経験豊富で何でもこなせるという意味の他に、したたか、裏に詳しい、ずる賢いといったニュアンスがあるからだ。海に千年、山に千年すんだヘビは竜になるという伝説から、世間に通暁《つうぎょう》し、悪にも少しばかり手を染めている人といった意味がある。しかも、揶揄《やゆ》する言い方になるので、言った本人も「自分も少しばかり海千山千ですよ」というニュアンスが相手に伝わる。すると、相手は「お前と同類にするな！」と思ってさらに不快になるのである。

なぜ、「ご馳走《ちそう》」に「走」という字が入っているか？

粗食の禅宗のお寺でも、客が来ると、精進料理ではあるが、何品かでもてなした。しかし、常備には限りがある。そこで食材はまかないが走り回って（馳走して）集めた。そこから、客をもてなす料理を「馳走」といい、現在の「ご馳走」につながった。

ビキニの水着の「ビキニ」とは何のことか？

フランス人デザイナーのルイ・レアールが当時としては露出面積が異常に広いショッキングな水着を、1946年7月5日にパリのファッションショーで発表した。この4日前の7月1日にアメリカが太平洋のビキニ環礁で核実験を行い、世界はこのショッキングな話題で持ちきりだったが、そこに登場したのがこのショッキングな水着だった。そこでレアールは2つのシ

ヨッキングな事柄を結びつけて「ビキニ」と命名したのである。

「元旦は寝正月で終日過ごします」というのは間違い。なぜか？

元旦は元日とイコールではない。なぜなら、元旦は「初日の出」のことだからである。そこから広がって元日の朝（午前中）となった。元旦の「旦」は地平線（一）から太陽（日）が出てきたところを表す象形文字だ。午前中だから、「寝正月で一日過ごす」は間違い。カレンダーに「元旦」とだけ表記してあるのも間違いである。

「青田刈り」と「青田買い」はまるで違う。どこがどう違う？

就職に関する本の中には「青田刈り」と「青田買い」を同じ意味で記述していることがある。青田刈りは戦国時代の戦法の1つで、敵の城を囲んだ攻撃側が、まだ青い田んぼのイネを刈り取ってしまうこと。秋の収穫ができなくなるので、それを見た守る側の兵士（農民が多数いた）は急速に戦意を失ってしまう。それが狙いだ。青田買いは将来の収穫を見越して、イネがまだ青いうちに買い占めてしまうことだから、青田刈りとは意味も目的も違う。就職戦線で正しいのは、「青田買い」だ。

「どこの馬の骨だかわからない」というが、なぜ馬か？

中国では役に立たないものの例えを「一に鶏肋《けいろく》、二に馬骨」という。鶏肋はニワトリの肋骨だが、これは小さいのでゴミ捨て場に捨てれば片づく。役立たずだが邪魔にはならない。しかし、馬の骨となると大きくて捨てるのに困る。邪魔なだけだ。そこから、誰にも大切にされず、ゴロゴロしている人という意味になった。

非常に大切なもののことを「トラの子」というが、なぜトラか？

「トラの子の100万円を株で失った」というが、これはトラが子どもを可愛がり、非常に大切にすることから出た言葉だ。トラは発情している2日間に約100回交尾し、約100日後に体重1キログラムくらいの子トラを2～3匹産むといわれる。インドから中国、朝鮮半島、シベリアと広い地域に生息しているが数はきわめて少ない。トラの中で、シベリアにいるアムールトラは体長2・5メートル、体重は300キログラムもありネコ科で最も大きい。単独行動を取り、性格はきわめて神経質である。

「国敗れて山河あり　城春にして草木深し」も間違い。なぜか？

杜甫《とほ》の詩『春望』の一節だが、間違い。それは「国敗れて山河あり」の部分。正しくは「国破れて山河あり」だ。日本では、戦で敗れたら、領主は滅ぶが領地や民は残った。しかし、昔の中国では戦争に負けると、王だけでなく、国も領土も民もすべて消滅させられた。すべてが消える過酷な運命だから「国破れる」である。

「アリの這い入る隙間もない」というのは間違い。なぜか？

正しくは「アリの這い出る隙間もない」である。這い入る隙間がないなら、出る隙間もないのだから、同じではないかと思うかもしれない。しかし、まるで違うのである。なぜなら、これは城攻めについての言い回しだからだ。城攻めをしている側が、誰も逃げ出せないよう包囲を固めたことをいっている。包囲して敵が弱るのを待つのだが、この「敵が弱るのを待つ」というところにポイントがある。「這い入る隙間もない」だと、城側が守りを固めたことになり、「敵が弱るのを待つ」という意味は消える。

ビタ一文渡さないという「ビタ」って何のこと？

ビタ一文は漢字で「鐚一文」と書く。鐚銭というのは、室町時代に本物の通貨を型に取り、それを鋳型にしてつくったものできわめて粗悪な通貨のこと。この時代は、銅銭は明（中国）から輸入されたものがほとんどだったから、こんな方法で、自分で勝手につくったのだ。しかし、あまりに粗悪なので鐚銭は四文で本物1枚（一文）と交換された。つまり、「鐚一文」は、実際は、4分の1文の価値しかない最低の通貨だったのである。すなわち、ビタ一文渡さないとは、そんなボロ貨幣すら渡さない、まったく渡さないという意味になる。

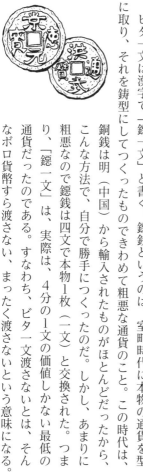

徒労に終わることを「元の木阿弥《もくあみ》」というが、「木阿弥」とは？

戦国時代、筒井順昭《じゅんしょう》という武将が大和国（現在の奈良県）を治めていた。順昭が病気に倒れた時、息子の順慶は2歳だった。自分の死がわかると、攻め込まれると案じた順昭は影武者を立てるよう遺言した。そこで選ばれたのが、順昭に声がそっくりの木阿弥という名前の盲目の僧侶だった。そして、薄暗い寝床から命令を発し周囲の人を騙《だま》し続けたのである。しかし、息子の順慶が成長するとお払い箱となり、もとの盲人の生活に戻された。元の木阿弥になったのである。

ゲテモノを食べるというが、「ゲテモノ」とは？

国語学者の大野晋氏によれば、ゲテモノのゲテは「下手」。上等な「上物」に対して上等でないものを「下物」といっていたが、下より下手の方が、語呂がいいというので「下手物」になった。

ゲテのゲもテも50音のエ行だが、この音は、もともとの日本語にはなかったというのが大野説。だからヘラヘラ、ベタベタ、ゲラゲラなどのように、エ行の音はよくないことを表す時に使われる例が多いのだという。

なぜ、縁起をかつぐことを「ゲンをかつぐ」というか？

勝負の世界では「ゲンをかつぐ」人はけっこう多い。このゲンという言葉は、もともと、テキヤ仲間でいっていた「縁起」のこと。それがなぜゲンになったかというと、江戸時代、京都や大坂で縁起のことを逆に読んで「ギエン」といっていたから。それが早口で「ギェン」となり、さらになまって詰まり、ゲンとなったのである。

江戸時代、大坂の米相場の情報はすぐ全国に伝えられた。どうやって？

江戸時代の経済は米を中心に回っていたので、全国の商人は大坂・堂島の米相場の情報を一刻も早く手に入れる必要があった。そこで考えられたのが、望遠鏡（遠眼鏡《とおめがね》）

を使って信号を次々に伝えるやり方。記録によると岡山に15分、広島には1時間弱で伝えられたという。取引所にやぐらを組み手旗信号で、望遠鏡で見ている中継地に情報を送り、さらに中継地から中継地へと伝達していったのである。狼煙《のろし》や飛脚で伝えたのではない。

電話のない江戸時代、ささいな用事は他家にどうやって連絡したか？

江戸時代、武家の主婦は手紙のやり取りはしなかったので、他家に連絡する時は、口上を述べる「仲働き」という下女を走らせた。「女の長電話」ではないが、主婦の使いだから用件はさまざま、しかも長いのが常。このため、使いに走る仲働きは、挨拶はもちろん、口上を忘れない記憶力が必要だった。その上、相手の用件も聞いてこなくてはならない。つまり、彼女たちは江戸の人間電話だったのである。

東京の道路はなぜ、京都のように真っ直ぐに整備されていないか？

京都は道が真っ直ぐ延び碁盤の目のような街なみだが、東京は環状道路に代表されるように真っ直ぐではない。これは徳川家康が江戸の街をつくる時、用心のため、敵が真っ直ぐ江戸城に攻め込めないようグルグル巻きの道にした名残りである。東海道、中仙道などの大きな道は江戸に入るとぐるっと回り小伝馬町に集められた。ただ、甲州街道だけは真っ直ぐ江戸城に通っていた。これは将軍が、いざという時、甲府の徳川家に逃げられるよう退路を確保したのである。

縄文人は人肉を食べていたというモース説。本当かウソか？

大森貝塚（縄文遺跡）の発見者であるアメリカ人モースが、「縄文人は人肉を食べていた」と指摘したことはあまり知られていない。貝塚から獣骨と一緒に人骨が出土し、しかも細かく砕かれていたことがその根拠である。

これに対し、縄文遺跡に詳しい樋口清之氏は、この時代、亡くなった人はゴミとして処理されたので、ゴミ捨て場だった貝塚から人骨が出土しても不思議ではない。また、温暖だった縄文時代は、食料が豊富で人肉食の必然性がなかったと反論した。現在は樋口説に落ち着いている。

日本ではじめて散歩をしたのは勝海舟である。なぜか？

ぶらぶら歩くのは江戸時代以前もやっていただろうが、「散歩」という明瞭な目的を持って歩いた日本人は、勝海舟が最初である。海舟は日本に来ている西洋人の多くが、町中をテクテクただ歩いていることに気づき「不思議なことだ」と思った。そこで1人の西洋人にたずねてみると「プロムナードだ」という。真似てやってみるところれが案外気持ちよかった。そこで海舟はプロムナードを「散歩」と翻訳し日々実践することにしたのだ。

徳川家康が豊臣を撃破したのは石鹸のおかげだった。なぜか？

徳川家康が2代将軍秀忠に贈った品物の「送り状」が静岡県久能山の東照宮に残されているが、その2番目に「石鹸（サボン）」と書かれている。1番目は金だから、石鹸はその次に大切なものということだが、それは家康が石鹸のおかげで関ヶ原の戦い、大坂の陣で豊臣方を撃破できたからだ。ポルトガルからの輸入品の石鹸は、当時は貴重品だったが、家康はこれを兵士に提供し、一日の戦が終わった後、体を洗わせた。戦場を走り回った兵士は汗まみれ泥まみれだから、そのままでは戦意を失う。逆に、汗を流してさっぱりすると、明日も頑張るぞという気持ちになる。その結果、徳川は連戦連勝できたという。

なぜ、明治の日本は急速に近代化に進むことができたか？

伝統的な寺子屋のおかげで教育レベルが高く、それが明治の日本の近代化の原動力になった。寺子屋は中世になってお寺が人々に世俗教育を施したのが始まり。１５４９年に来日した宣教師ザビエルは「ヨーロッパ以上に教育が盛ん」と驚いた。江戸時代になると、寺子屋教育は全国で行われ、午前８時からお昼を挟んで、文字は仮名、草書、行書が教えられた。また、算術、手紙文の練習、商売に関する知識なども教えた。簡単な鶴亀算や利息の計算法もあった。

7歳で入学、10歳までに一通り学ぶと、丁稚奉公に出ても十分役に立つ教育が行われていた。幕末には全国に1万6000以上の寺子屋があったといわれ、その史料もある。この教育水準の高さが明治の教育に引き継がれ、日本は一気に近代化の波に乗ることができた。

江戸時代の農民は、文字が読めたか、読めなかったか？

安藤広重の『東海道五十三次』の日本橋を見ると、何やら文字の書いてある立て看板を読んでいるのは農民たちである。江戸時代、読み書きを教える寺子屋はたくさんあった。学んだのは農民、町人だ。農民が自分で書いた届けや証文もたくさん残っている。

除夜の鐘は、なぜ108つ突くか？

人間の煩悩は108つあり、それを突き出して新しい年を迎えようというのが除夜の鐘である。すなわち、煩悩が生じるのは、眼、耳、鼻、舌、身、意、の六根があるからで、六根はそれぞれ、よい、普通、悪い、楽しい、苦しい、何もない、の6通りを感じる。これで36だが、そのそれぞれに過去、現在、未来の3通りがあり合計108つとなる。

除夜の鐘は大きく聞こえたり小さく聞こえたりする。なぜか？

除夜の鐘を注意して聞いていると、ゴーン、ゴーンという1回ごとに強い音、弱い音となっている。これは空気が揺れているせいではなく、中国の宋の時代にこれが始められた時から強弱交互に突く決まりになっているのだ。しかも、このことは守らなければならないとされ、また108つの最後が終わるのは新年の午前0時と決められている。しかし、最近は、鐘を突き始める時刻が変わり、多くの寺で新年になってから始めているようである。また、東大寺のように初詣客に突かせている寺も少なくない。

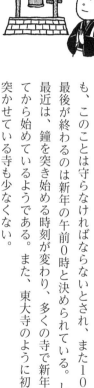

徳川時代の将軍は、私的な時間に何をしていたか？

昔は早寝早起きだったから、徳川将軍も朝5時頃には起床していた。歯を磨き、洗面した後、袴をつけて先祖代々の位牌を拝んだ。それから朝の膳についた。料理はご飯、味噌汁、野菜の煮物、吸い物、魚など。食事が終わると髪を整え、その後、昼までは好きなことをして過ごした。読書、剣術、絵を描くこともあった。政務は午後からである。

東京の品川駅は、なぜ品川区にないか？

品川駅があるのは東京都港区で品川区ではない。なぜかというと、横浜までの最初の鉄道が計画された当時、品川（宿）は、日本橋から出発する東海道の最初の宿場町として栄えており、このため、鉄道に客をさらわれるのを恐れた宿場の人たちが、駅の建設に猛反対したのである。その結果、駅は品川宿より北の方の港区高輪に建設することとなった。駅舎は1872年（明治5年）1月に完成し、同年10月の新橋～横浜間の開通に先立ち、5月に品川～横浜間で仮開業した。日本で最初に汽車が発着した駅である。

サッカーの試合から戦争になったことがある。ホント？

1969年6月27日、メキシコシティで行われたサッカー・ワールドカップ予選の準決勝プレーオフ「エルサルバドル対ホンジュラス」の試合は、延長戦の末3対2でエルサルバドルが勝った。中南米で隣接しているこの2国間には国境問題などで以前から火種がくすぶっていたが、この試合でサポーター同士の投石、暴行が続発し、国民感情が悪化、試合直後の6月末に国交断絶へと一気にエスカレートした。そして、2週間後の7月10日、エルサルバドル空軍がホンジュラスの空軍基地を爆撃した。が、米州機構がすぐ調停に乗り出し7月29日には停戦協定が成立、100時間の交戦で戦争は終わったが、多数の死傷者が出た。

ノアの洪水で死んだ人類の化石が出てきた？　ホント？

日本の渓流にすんでいる世界最大の両生類オオサンショウウオは寿命が40年くらいあり、大きなものでは体長1メートル以上になる。18世紀、ヨーロッパでこの仲間の両生類の化石が出てきた時、頭が丸く目がくぼんで人間のように見えたことから、「ノアの洪水で遭難した人類の化石」と勘違いされたこともある。1830年に日本からオオサンショウウオを持ち帰ったシーボルトがその仲間の化石と見破り、証明した。

お正月の屠蘇《とそ》は年の若い者から順に飲む。なぜか？

屠蘇とは一年のはじめに邪気を「屠《ほふ》」って、人の魂を「蘇」らせる酒である。日本酒で済ませる家庭も多いようだが、本来は忍冬《すいかずら》、甘草《かんぞう》、桔梗《ききょう》などの薬草が入った屠蘇袋をみりんに浸して飲む。飲む順番は若い者からだが、これは儒教の教えの「親の薬はまず子どもが飲む」という毒味の思想からきたものだ。最近の屠蘇セットには大中小の杯を台に載せた式三献もあるが、これを使う時は年長者から飲む。

視力の検査表には、なぜ2・0までしか表示がないか?

視力は1・0以上であれば十分である。また、日本人で2・0以上の人はほとんどいないので検査表は2・0までしかない。では、2・0が上限かというと、アフリカ・サバンナの観光案内人ははるか彼方のライオンやチータを見つけることができる。検査表でいえば4・0くらいか。また、南米アマゾン川流域には、50キロメートル以上離れた向こう岸の細部がよく見える人がたくさんいるとか。視力は6・0以上だ。

世界最大の木造建築は東大寺大仏殿。では、2番目はどこか?

JR京都駅前に広がる東本願寺御影《ごえい》堂である。現在の西本願寺を中心とする本願寺派は、もともとは1つの勢力で、戦国武将も脅かすほど強大だった。その勢力がますます大きくなるのではないかと恐れた家康は策を練り、本願寺の東の広大な土地にもう

1つ寺院をつくることを許した。それが東本願寺だが、この寺が完成すると、全国の信徒も西本願寺派と東本願寺派に二分し、家康の計略通り力をそがれてしまった。現在の建物は幕末のどんどん焼け（京都大火）で焼失後、明治になり再建されたものである。

花嫁は、なぜ白装束を身にまとうか？

白は「どんな色にも染まります」という花嫁の決意を表したものという誤解があるが、正しくは、神に仕える結婚式で、神を祭る人として、女性（花嫁）は清潔で穢れのない白い着衣を身にまとうのである。その考えが現代も白無垢や角隠し、あるいは純白のウエディングドレスに引き継がれている。神に仕える姿だから白なのだ。

披露宴で、なぜお色直しをするか？

最近のお色直しは新婦のファッションショーのような趣があるが、本来は、結婚式で神に仕えていた花嫁がその役割を終え、人間世界に戻ってきたことを皆に知らせるためのものである。人間世界に戻って、そこで酒を振る舞い、にぎやかな宴会を始めるのである。だから、本来のお色直しは、1回でいい。

なぜ、披露宴でキャンドルサービスをするか？

キリスト教の結婚式では新郎新婦がロウソクを1本ずつ持ち、祭壇のロウソクに2人で点火する。これは2つの命が1つになることを意味する敬虔《けいけん》な儀式だが、ロウソクの火の厳かな輝きが人々の心を打つ様子を見て、日本の結婚プロデューサーが取り入れたといわれている。

イチローは次男なのに、なぜ「イチロー」か？

名前は親がつけるのだから、次男にイチローとつけても勝手だ。が、常識的には「イチロー」は長男につける名前であろう。さて、元大リーガーのイチローのお兄さん（長男）の名前は「一泰《かずやす》」である。お父さんは、イチローのおじいさんが「銀一」

だったところから、「一」の字を、自分の子どもの名前にもらおうと考えていた。そこで、家族がいつも朗らかでいるようにと「朗」の字をくっつけイチロー（一朗）にしたということである。

中華料理の円テーブルは、なぜグルグル回るようにしてあるか？

もともと中国では、大皿に盛られた料理をまず主人が食べてみせ、その後、客に振る舞う「毒見の風習」があった。そのため円テーブルは回るようにしてある。もちろん今は、そんな風習はない。だから、テーブルが回るのは好都合ということで、日本では、その席の主客の前にまず料理を出し、最後に主人（その席の招待者）が食べるというふうに使っている。

また、ワイワイいろんな料理を突っつけるのがいいと、回る円テーブルを好む人も多い。グルグル回る楽しい食卓だ。

5月5日のこどもの日に、なぜ鯉《こい》のぼりを上げるか？

5月5日は端午の節句。江戸時代、武家ではこの日、子どもの立身出世を願って、戦の時に使う幟や旗指物《はたさしもの》をかかげていた。これに対抗して、町家の江戸っ子が男子の成長を願って鯉の幟を立てたのがそもそもの始まり。鯉は中国の「登竜門」の故事から取った。黄河中流にある竜門という渓谷は滝のような急流で、この渓谷を登りきると鯉は竜になるという伝説だ。鯉には子どもの将来への希望が込められている。戦後、5月5日はこどもの日となったが、鯉のぼりはそのまま残った。

5月5日の端午の節句に、なぜ菖蒲湯《しょうぶゆ》に入るか？

5月5日の菖蒲湯の風習が今も続いているのは、菖蒲を湯に入れるとすがすがしい香りがするからであろう。菖蒲はこの強い香りのおかげで虫がつかず、そのことから「災いを払う力がある」とされる。昔は薬草として、腹痛、虫下し、打撲などの治療に使われていた。

座席にカバンを置くとなぜ確保したことになるか？

人は誰でも縄張りを持っている。一番強いのは夫婦や家族。配偶者に浮気されたり、子どもの教育に口出しされたりすると強く反発する。2番目は居住空間や行きつけの飲み屋。ここを侵されると相手を追い出そうとする。3番目は公的縄張りで、一時的に座った席、お花見の場所取りなど。これは先着順という暗黙の了解があるのでカバンや服で確保できるわけだ。

広告業界では、満員電車の車内広告は効果抜群といわれる。なぜか？

あるテレビ番組で、電話ボックスに人を何人詰め込むことができるかという実験を行ったところ奇妙なことが起こった。本番になると、リハーサル時の3分の2しか入れなかったのだ。理由は、リハーサル時に初対面だった者同士が、休憩時間に自己紹介をして知り合いになったから。つまり、リハーサル時は赤の他人同士だからモノ同然、ぴったりくっついていても平気だったが、知り合うと互いに縄張りを意識し密着できなくなった。満員電車では乗客同士は初対面なので、密着しても、互いに目を合わせないよう車内広告を見ていれば済む。がまんしているみんなが見るので車内広告は効果抜群なのである。

平民宰相・原敬は訪問者みんなに好印象を持たれた。その秘訣とは？

大勢の訪問者と会わなければならない人は、相手に好印象を持ってもらうためにいろいろな工夫をしている。かつて平民宰相といわれた原敬は大勢の訪問者を上手にさばいたことで知られているが、その秘訣は言葉だった。例えば、最初に会った人には「あなたにはどうしても最初に会いたかった」といい、最後に会った人には「最後にじっくりお話をしたかった」といったそうである。最後に回されても、相手が原敬なら仕方がないと思っていた人も、この言葉には思わず感激したのである。

なぜ、海苔の店でお茶も売っているか？

海苔とお茶は、どちらも香りが高く、香りが移りやすい。また、湿ってしまうと台なしなので常に乾燥させておかなくてはならない。つまり、保管しておくノウハウが同じなのだ。同じノウハウなら、扱い品目が多い方が商売になるということだから、海苔の店がお茶も売り、お茶の店が海苔も売るようになった。

ひどく嫌うことを、なぜ「毛嫌いする」というか？

「毛嫌いする」というのはただ嫌いというのではなく、徹底して相手を受け入れないという意味合いが強い。しかも、女性が特定の男性を嫌う時によく使う。それもそのはず、これは競馬の世界で、血統馬のメスに種牡馬《しゅぼば》のオスをかけ合わせる時、オスがメスにどうしても受け入れてもらえない場合に「毛嫌いされた」といっていたものだからである。だから、毛嫌いの毛とは栗毛、葦毛《あしげ》、黒毛など馬の毛のことだ。

物事が無事に終わった時、なぜ「手締め」をするか？

物事が無事に終わった時、そのことが大事であればあるほど、関係者一同で神様に感謝したくなる。日本の神様は「霊《たま》（魂）振《ふ》り信仰」なので、感謝するといっても、その前に神様にしっかり目覚めていてもらわなくてはならない。神社で礼拝の前に鈴を鳴らし、拍手《かしわで》を打つのは、神様に目覚めてもらう「霊振り」のためだ。だから、何かが無事終わった時も、皆でパンパンパンと「手締め」で「霊振り」をやり、その後、神様に感謝するのだ。

歳時記で「竹の秋」は春の季語。秋という字があるのに、なぜ春か？

春になると、竹林では、竹の葉がハラハラと落ちて秋のようである。これはタケノコが芽を出し、若竹が次々と伸びるので、大人の竹が養分を取られ、葉が力を失って落ちる現象である。その様子が、枯葉舞う秋のようなので歳時記では「竹の秋」というが、春の出来事である。夏が過ぎ、秋になると、養分は竹林全体に及び、葉は青々と勢いをつける。陽光を受け、光合成を活発に行い、来るべき春に備え、根に養分を蓄える。

3章

浦島太郎が助けたカメは、オスかメスか？

【生きもの】雑学

真夏に来日したイギリス人は森や林でびっくり仰天。なぜか？

イギリス、ドイツ、フィンランドなど北ヨーロッパの人々は、セミが騒がしく鳴く夏の経験がないので、真夏の日本にやってきて森や林に行くと「日本では樹木が鳴きわめいている！」とびっくり仰天するという。東南アジアや南アメリカにはたくさんの種類のセミがいるので、われわれ日本人は、セミは世界中に分布していると思っているがそうではない。生息域に北限がある。

チョウはなぜ、1匹、2匹ではなく1頭、2頭と数えるか？

チョウは学術論文などで「正式」には、ウシやウマのように「1頭、2頭」と数えることになっている。慣用的には、1匹、2匹が広く使われているので、それで問題ないが、それにしてもなぜ正式には1頭、2頭だろうか。それは英語表現が「ヘッド」だからである。論文ではこれを直訳して使っている。2匹はツウ・ヘッズ、3匹はスリー・ヘッズ。明治初期に昆虫学が始まって以来そうしてきているから、今も、そうしている。

クマゼミ、ミンミンゼミ、ツクツクボウシの羽は、なぜ透明か？

セミをはじめ昆虫の天敵は、動く虫なら何でも啄《ついば》む小鳥である。小鳥は動作がすばやく目もいいので、見つかったら一巻の終わりだ。だから虫はそれぞれ、見つからないよう保護色などで防御している。透明な羽を持つセミがその羽を広げても、小鳥には、樹木の幹が見え、また、体は樹皮に似ているのでわからない。じっとしていれば安全だ。危険なのは移動する時である。そこで、セミはあまり長い距離を飛ばず、すぐ他の木に這いつくばる。

アリジゴクは、なぜ、縁の下や樹木の根元に巣をつくるか？

アリジゴクはウスバカゲロウの幼虫である。ウスバカゲロウはその名の通りはかない昆虫だが、その幼虫のアリジゴクは肉食のしたたか者だ。浅いくぼみをつくり、その底でアリや小昆虫が落ちてくるのを待ち受けている。くぼみの中はサラサラの砂なので、這い上がろうとしても次々崩れて上に行けない。また、底のアリジゴクが砂つぶてをぶつけるので逃げられない。アリや小昆虫にとっては地獄だ。砂はいつもサラサラでなくてはならないから、アリジゴクは縁の下や樹木の根元の乾いたところに巣をつくる。

夏が終わると、カブトムシの死骸はあるが、クワガタはない。なぜか？

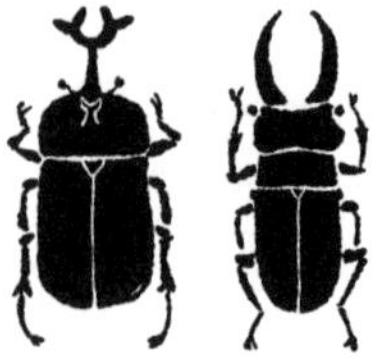

頑丈そうなカブトムシだが、寿命は2ヶ月しかない。夏が終わると死ぬ。しかし、同じ甲虫類のクワガタムシの死骸は見かけない。クワガタムシの寿命は2～3年だから、夏が終わっても生きている。朽ちた木の中に潜り込み冬に備えるのだ。寿命はそれぞれの生き物で決まっている。カブトムシは短く、クワガタムシは長い。それが自然界の摂理だ。

アリが巣の出入り口をふさぐと大雨が降る。なぜか？

天気予報がなかった昔の人は、身の回りの変化を敏感にとらえ天気を予測していた。例えば、夕焼けの翌日は晴れ、月が笠をかぶると雨。その1つに、アリが巣穴の出入り口をふさぐと大雨、というのがある。アリは触角や体毛などのセンサーで敏感に気圧や湿度の変化を感じ取る。雨を察知したアリは水が浸入しないように出入り口をふさぐ。だからだ。

恐竜時代からの「生きた化石トンボ」が日本にいる。その名は何か？

1886年（明治19年）に生息が確認されたムカシトンボである。日本とヒマラヤにしかいない種類で、3億年前の恐竜時代から生き残っている陸のシーラカンス、「生きた化石」である。オニヤンマやギンヤンマのようにがっしりしているのに、止まる時はイトトンボのように羽を閉じてぶら下がる。普通のトンボはヤゴ（幼虫）の時期は10ヶ月だが、ムカシトンボは7年、逆に成虫時代は3ヶ月と、普通のトンボの6ヶ月に比べ短い。山奥の渓流に潜んでいるが、その環境は、恐竜時代から変わっていないということだろうか。

見えないようにハエたたきを持っているのにハエは逃げる。なぜか？

ハエに限らず、ゴキブリや他の多くの昆虫も、たたこうとすると逃げ出す。それはハエたたきを見たからでなく、空気の微妙な動きを感知したからである。だからガラス容器に入れ密閉しておくと、外から手を近づけても逃げない。が、容器に管をつけ空気を入れると、すぐに飛び立つ。ハエは大腸菌の他にポリオウイルス、赤痢菌、サルモネラ菌などを媒介する害虫である。たたき殺してよい。

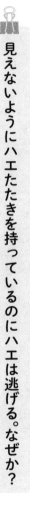

狂暴なスズメバチを飲み込んだヒキガエルは、その後、どう行動するか？

カエルの顔には大きな目がついているので、飛んでいる昆虫がよく見えるように思えるが、それほどでもない。だから、食べていい虫か、食べてはいけない虫か区別がつかず、危険で狂暴なスズメバチも舌で捕まえ飲み込んでしまう。当然、スズメバチは暴れる。するとヒキガエルは、すぐに胃袋を口から吐き出し危険な虫を追っ払うのだ。吐き出した胃袋は飲み込めば元通りになる。他のカエルも同じような行動に出る。

マムシはヘビなのに、なぜ、卵を産まず子ヘビを産むか？

卵胎生だからである。卵胎生とは、動物のメスが卵を胎内で孵化《ふか》させ子を産む繁殖の仕方で、ヨーロッパのピレネー山脈のコモチカナヘビ、中国のミズヘビ（食用）などヘビの仲間では珍しくない。魚類にも、シーラカンス、カサゴ、メバル、サメやエイの一部に卵胎生がいる。夏に妊娠したマムシは初秋に数匹の子ヘビを産む。妊娠中のメスはカルシウムを体内につくるため日光浴をするが、この時、人と遭遇して咬《か》みつくことがある。毒ヘビである。

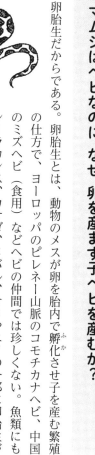

クモは空中を飛ぶことができる。羽がないのに、なぜか？

羽がなければ飛べない、とは決められない。クモは、卵からかえると「クモの子を散らす」ように何百匹もの子グモが出てくるが、同じところにいたのでは餌の取り合いとなって生きていけない。そこで、高いところに上り、しりを天に向けて糸を出し、風に乗ってタンポポのタネのように仲間のいない遠くに飛んでいくのである。

ヤモリがガラスの上を歩けるのはなぜか？

都会ではあまり見かけなくなったヤモリだが、田舎では、夜になると餌の小昆虫を求めて、天井やガラス戸、門灯などをツツツーッと這っている。ツルツルのガラスや門灯の表面を歩き回ることができるのは足に吸盤がついているからではなく、足の指裏に微小な細かい毛がたくさん生えており、それを引っかけているから。ガラスの表面はツルツルに見えるが顕微鏡で見るとゴツゴツ引っかかりがたくさんあるのだ。

エビの漢字は「海老」と「蝦」だが、どう違うか？

イセエビは漢字で伊勢海老、クルマエビは車蝦と書くが、その違いは何だろうか。

エビの仲間はわかっているものだけで2340種類以上もいるが、大きく分けると2つになる。主に足を使って歩いて移動するエビと泳いで移動するエビだ。すなわち、歩行で移動するエビを漢字では海老、泳いで移動するエビを蝦と書く。

なぜ、エビはおがくずの中で長時間生きているか？

おがくずに埋められて運ばれるイセエビやクルマエビが長時間を経過しても元気なのは、おがくずに含まれている水分を取り入れ酸素を補給しているからである。エビは殻の隙間と脚から水を吸い、水中の酸素を補給するが、湿ったおがくずの中にいれば体についている水やえらの周囲についた水がそのまま保たれるのでどうにか補給することができる。じっとしているだけだから生き延びることができる。

なぜ、水たまりにアメンボがいるか。どうやって来たか？

田舎道の水たまりにはよくアメンボがいる。水たまりだから周囲は土だが、このアメンボ、どこからやってきたのだろうか。歩いてきたのか。実は、アメンボにはシマアメンボなど羽を持っていない種類とナミアメンボ、ヒメアメンボ、コセアカアメンボのように羽のある種類がいる。田舎道で見かけるのはほとんど羽のあるナミアメンボで、光る水面をめがけ大きな蚊のような格好で飛んでくる。

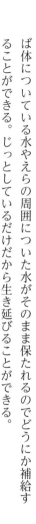

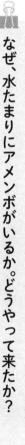

デンキウナギは放電で自分は感電しないのか？

デンキウナギの発電器官は、発電板に変化した筋肉細胞が体長の半分以上も並んでおり、その数は数千個。1個の発電板の電圧は0・15ボルトだが、一斉に放電すると800ボルトになる。獲物に体をぶつけて感電させ、襲われた時は放電して逃げる。うっかり踏みつけ心臓麻痺を起こした人もいる。水槽で観察すると、デンキウナギ自身も放電でピクピクするが、体内には電気抵抗の大きい脂肪があるので感電しない。

カタツムリは右巻きか左巻きか？

関西地方に多いナミマイマイと関東地方に多いミスジマイマイは右巻きである。この他カタツムリには何種類かあって右巻きのものと左巻きのものがあるが、右巻きが主流で左巻きにはヒダリマキマイマイのように「ヒダリマキ」と名前がつけられている。カタツムリは雌雄同体だが、精巣の発達したものがオスとなり、卵巣が発達したらメスとなって梅雨の頃に交尾する。7月に産卵し、8月に4ミリメートルくらいの子カタツムリが生まれる。寿命は正確にはわかっていないが1年以内だろうと考えられている。

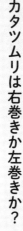

川魚は淡水で生きているのに、なぜ海水魚は死んでしまうか？

海水魚はいつも海水の中にいるので、海水をいくら飲んでも体の中の塩分が濃くなりすぎないよう調節する機能が備わっている。取り込んだ塩分を体外にどんどん逃がしているのだ。この機能は淡水に入れてもそのまま働くので、どんどん塩分を逃がし、ついには塩分不足となって死んでしまう。サケやウナギのように海から川に遡上《そじょう》しても平気な魚もいるが、これは海から川に入って成長していくうちに体が淡水魚に変わってしまうのである。

タツノオトシゴの子どもは、なぜ、オスから生まれるか？

水族館の水槽でしか見たことはないだろうが、恐竜のような姿形のタツノオトシゴという魚がいる。この魚は、他の魚と違って、卵から生まれてくるのではなく、同じ姿形の小さな子どもが親のお腹から出てくる。しかも、オスのお腹からである。なぜだろうか？　答えをいうと、オスのお腹というのは保育袋で、メスはその中に産卵し、オスが育てるのである。袋の中の稚魚が大きくなるとオスは1匹ずつ送り出す。

サケは、なぜ川を遡上して産卵するか？

海を泳ぐサケは、川を遡上して湧水のあるところに産卵する。淡水は海水に比べ酸素量が多く、しかも湧水は酸素がさらに豊富なので卵には好都合なのだ。また、サケが産卵するのは晩秋だが、この時期になると、水温が低く他の川魚の動きが鈍くなるので、稚魚の敵が少なく安全である。そして他の魚が動き出す前に、稚魚は海に向かって泳ぎ出す。

マンボウは3億個という膨大な数の卵を産む。なぜか？

1960年に発売された北杜夫《きたもりお》の『どくとるマンボウ航海記』でその名が一躍有名になったマンボウは、英語名を「オーシャン・サンフィッシュ」という。体を横に倒し波間に浮かぶ姿が太陽のようであることからそう名づけられた。体長3・3メートル、体重2・3トンにもなる巨大魚だ。有名なのはメスが一度に産む卵が3億個と桁はずれに多いこと。卵を産む動物の中では最多である。なぜこんなに産むのか。

それは成魚の数が極端に少なく、大海で、メスとオスが滅多に出会えないからである。だから、出会った時がチャンスとばかりにものすごい数を産むのだが、産むといっても海にばらまくように産卵するだけで世話をしないから、ほとんど他の魚の餌食になってしまう。だから3億個も産んで生き残りを懸けるのである。稚魚や幼魚も襲われるので、3億個のうち成魚になるのは2～3匹という。

大洋をのんびり浮遊している姿を見かけることから、表層で生活していると思われていたが、発信機をつけた追跡調査が行われ、事前の予想に反して、800メートルの深海にいるものも珍しくないことがわかった。深海魚だったのである。

大地震の前に、なぜ「ナマズ」が暴れるか？

地震が起こる数日前からウナギやナマズが暴れたり、ミミズやヘビが土中から出て団子状になったり、イヌやネコが不安げな様子を示すのは、みかげ石など石英を多く含んだ岩石が強く押され、「圧電効果」と呼ばれる現象で瞬間的に電流が生じたり、電波が発生したりするからだという。巨大なプレスで岩石を圧破壊する実験をしたところ、実際に岩石が壊れるずっと前から、そばにいたイヌやモルモットやスズメが普段とは異なる異常行動を示した。この現象を早い段階でキャッチできれば、地震予知に応用できるかもしれない。

休まず泳ぎ続けるカツオやマグロは不眠不休か？

魚も眠るかどうかだが、魚博士の末広恭雄氏が、かつて、メダカを使って、動きが止まる度にベルで驚かす実験をしたところ、最後にはフラフラになったという。魚はまぶたがないので眠っているかどうか見分けにくいが、やはり睡眠は必要なのである。カツオやマグロは一時も休まずに泳ぎ続けるが、泳ぎながらちゃんと眠っていることが確認されている。休息もしている。

マグロやカツオは一生泳ぎ続けて休まないのか？

休まない。なぜなら、休むと死ぬからだ。マグロやカツオなどはかなりのスピードで泳ぎ、その勢いで口からえらに水を送って酸素を体内に取り込んでいる。スピードを出せば出すほど水流が増えるので、必要な酸素を取り入れるためにはスピードを落とさず泳ぎ続けなければならない。また、マグロやカツオは体重が重いので泳ぐのをやめると沈んでしまう。休息する時でも泳ぐのをやめない。

魚の餌になるプランクトンは何を食べて生きているか？

プランクトンには動物プランクトンと植物プランクトンがいるが、小魚が餌にするのは動物プランクトンだ。この動物プランクトンは、植物プランクトンを食べて生きている。では、植物プランクトンは？　答えは魚の排泄物や死骸から栄養を摂る。つまりこういうことだ。植物プランクトンを食べる動物プランクトンは小魚に食べられ、小魚は中魚に食べられ、小中魚は大魚に食べられ、それら大中小魚の排泄物や死骸は植物プランクトンの栄養になり……と食物連鎖しているのである。

アサリやハマグリは海底をどうやって移動するか？

足を使って歩く。開いた2枚の貝殻を勢いよく閉じ、その水勢で移動するのではないかと推測させるが、そうではない。足がある。吸い物のアサリやハマグリを開くと、2本の管とべろのような部分がある。管は海水を吸い込んで酸素や餌を取り、もう一方から吐き出す。そして残るべろのような部分が足である。これを突き立てて海底を移動する。

北極圏の地層から、なぜ、熱帯ワニの化石が見つかったか？

アメリカの古生物学者がカナダ最北端の地中からワニの化石を掘り出し話題になっ

たことがある。詳しく調べた結果、このワニは熱帯ワニと同じ種類とわかった。出土した地層は300万年くらい前のものだから、その頃、北極は熱帯だったのだろうか？　地球物理学によると地球の北極と南極は太古の昔に移動した可能性があるという。極移動だ。その途中で北極が熱帯だった時期があるかもしれないという。

コアラの子どもは、母親の糞を食べるってホント？

ウソである。有袋類のコアラは母親の袋で子どもを育てるが、ユニークなのは、母親の肛門から出てくる「バップ」と呼ばれる離乳食を食べること。その様子から、母親の糞を食べると誤解されることが多い。コアラの主食であるユーカリの葉には毒が含まれており、2メートルに及ぶ盲腸で発酵させ毒素を分解している。母親はこの発酵させ無毒になったユーカリの葉からバップをつくり、子どもに食べさせている。

新リーダーになったライオンのオスは群れの赤ん坊を食い殺す。なぜか？

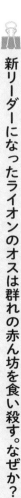

アフリカのサバンナにいるライオンは1頭のオスと数頭のメス、そして子ライオン多数で「プライド」と呼ばれる群れをつくって生活している。プライドのオスはやがて衰え、若いオスにその座を狙われるが、その時は凄絶な死闘によって決せられる。そして、若いオスが新しい主になると驚くべき行動に出る。群れの赤ん坊ライオンをことごとく食い殺してしまう。なぜなら、授乳期間中は、ライオンのメスは妊娠できないからである。新主のオスはメスを妊娠可能な状態にするため赤ん坊を殺すのだ。

浦島太郎が助けたカメは、オスかメスか？

海岸で生まれたウミガメの赤ん坊は、海に入るとそのまま一生を海中で過ごす。が、唯一、産卵の時だけ砂浜に上がってくる。だから、浦島太郎が助けたカメはメスである。ウミガメは、陸上では子どもに捕まるほど歩くのがのろいが、海の中では泳ぎの名手だ。前足を鳥の羽のようにバタバタ動かし、まさに海中の鳥のように、ハイスピードで泳ぎ回る。コンブやサザエが

好物である。

「カメは万年」というが、本当のところはどうなのか？

1万年はオーバーにしても、いろいろな記録を見るとカメが長生きなのは間違いないようである。1766年にフランスの探検家が年齢50年くらいのアルダブラゾウガメを捕まえたが、その後も生き続け1918年に事故で死んだというからそのカメは202年くらい生きたことになる。事故に遭わなければもっと生きたかもしれない。

なぜ、ウミガメの子は間違いなく海の方向に歩き出すか？

卵からかえったウミガメの子が間違いなく海の方向に歩き始めるのは、匂いか、波の音か、それとも目で見ているのか、あるいは体内コンパスがセットされているのか？　アメリカの動物学者アルティー・カーが調べたところ、目隠ししたウミガメの子は海に進むことができなかったという。生まれたばかりは視野が狭いので海そのものを見ているわけではない。海に反射する大量の光を感知していたのである。

サル山のサルが毛づくろいしながら口に入れているものは何か?

サルにノミはほとんどつかないので、ノミを取っているのではない。毛穴から汗が蒸発した後に残された塩分の塊を口に入れているのだ。毛穴の周りだからフケもあるが、塩分がついているのでこれも一緒だ。もちろん、互いの塩分を取り合うというのは、仲よくなければ成り立たない。「グルーミング」というこの行為はサル同士の愛情交換でもある。気持ちよさそうに目を閉じているのはそのせいである。

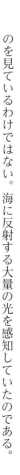

馬小屋は、なぜ、いつも水洗いしてあるか?

サラブレッドのドキュメンタリー映像を見ていると、馬の飼育係が馬小屋を水洗いしている場面がよく映し出される。なぜ、いつも神経質なくらい水洗いするのだろうか? それは馬の蹄《ひづめ》はアルカリ度の強いアンモニアに弱いので、糞や尿にまみれると腐ってしまうからである。蹄は人間の髪の毛や爪と同じケラチンという硬たんぱく質、1年に1センチメートルくらい伸びる。蹄がやられると馬は立っていられなくなる。

ネコは年寄りが好き。なぜか？

イヌにとって飼い主は主人（リーダー）だが、ネコにとっては仲間である。仲間だから自分に近い存在の方がとっつきやすい。人間の男と女では、太く低い男性の声より、高く細い女性の声の方が、高音域がよく聞こえるネコには心地よい。また、男性に比べ女性はおおむねもの静かだから、毎日14時間以上を寝て過ごすネコには具合がいい。子どもと年寄りでは年寄りがいい。子どもはうるさくてネコにとって一番嫌な存在である。

ネコの瞳は、なぜ縦長楕円《だえん》になるか？

瞳の大きさが変化するのは、入ってくる光の量を調節するためである。人間の瞳も明るいところでは小さく、暗いところでは大きくなる。ネコも事情は同じだが、違うのは、瞳が小円ではなく縦長楕円になるところ。これはネコがもともと夜行性で、暗いところでもよく見えるよう眼球が少し飛び出しているせいで、われわれがまぶしい時、目を細めるように、瞳を縦長楕円に細めて絞り込み、光をさえぎろうとしているからである。

ネコにアワビを食べさせると、なぜ耳が落ちるか？

アワビの餌はプランクトンや海藻だが、問題なのは海藻に含まれている葉緑素。ある種の葉緑素はアワビの体内に入るとフェオフォーバイドとなる。この物質が光に当たると強い毒性を発揮するのだ。マウスに5ミリグラム注射した後1万ルクスの光を5時間当てると死んでしまったという実験結果や、ネコにアワビを与えた直後に直射日光に当てると耳が落ちたという実験結果もある。耳が落ちるのは毛が少なく皮膚に直接日光が当たりやすい部位だからだ。人間でも食べた直後に日光に当たると皮膚炎を起こすことがある。

「梅にウグイス」は間違い、正しくは「梅に○○○」。何か？

花札の「梅」に、ウグイスが描いてあるように、「梅にウグイス」の取り合わせはよく知られている。しかし、ウグイスは山裾のやぶの中が主な住処で庭先の梅にやってくることはほとんどない。花びらや蜜を食べに頻繁に梅にやってきて、ウグイスと間違えられるのはメジロである。目の周りが白い輪っかで囲まれているのでよく見るとわかる。春先はまだ他の花が咲いていないので早咲きの梅にやってくる。

鳥はイヌやネコのように小便をしない。どうなっているか？

糞と一緒に出すのである。といっても、鳥の糞は固形で小便が混入しているようには見えない。それを理解するには、「尿とは何か」を知らなくてはならない。動物は、人間も含め、血液中の老廃物であるアンモニアを尿素に変え、水分に含ませ、膀胱に尿としてためて排泄する。

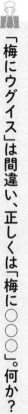

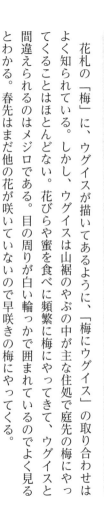

これに対し、鳥は、飛ぶのに身軽なように、水をあまり飲まなくていい体になっている。だから尿はたまらない。しかし、血液中の老廃物は排泄しなくてはならないからアンモニアを尿酸に変え糞と一緒に出すのである。鳥の糞を観察すると、白い部分と黒っぽい部分があるが、白い部分が尿酸の塊、つまり、小便である。

神社や公園のハトは、なぜ人を見ても逃げないか？

駅のプラットホームにも出没し足元を歩き回るハトだが、昔から公園や神社の境内にたくさんいる。見慣れた光景なので見過ごしがちだが、不思議なのは、スズメやカラスと違って平気で人に近づくことだ。餌を差し出すと腕に乗ってくるハトもいる。なぜ、人を恐れないのだろうか。それは、このハトが「ドバト」といい、もともと人に飼われていた伝書バト用のカワラバトがハト小屋から逃げ出し、あるいは伝書（レース）をしている途中に脱落して野生化した種類だからである。人に飼われていたから人を恐れず平気なのだ。

野ウサギはなぜ、耳を立てたまま逃げるか？

野ウサギが全力疾走するスピードは時速70キロメートル、時速40キロメートルのキリンより速い。ただ、不思議なのは、敵の目印になる耳を、ピンと立てたまま走ることだ。これでは空気抵抗を受けるだろう。その理由は、全力疾走によって急上昇する体温を耳から放熱しているのである。人間が汗をかき、イヌが舌をだらりと垂らすように、ウサギは耳を風に切らせて放熱する。熱は上に行くのでピンと立てている方がよく冷える。

ウサギに水を飲ませると死ぬ、はホントか？

間違いだ。ウサギも他の動物と同じで、生きるためには水分が必要。1日に250ccくらい補給しなくてはならない。ただ、ウサギは草や野菜を食べるので、大量の水を与える必要はない。与えすぎると人間と同じで下痢をする。

川で獲れる天然ウナギは、なぜみんなオスか？

日本ウナギの産卵場所は、東京大学大気海洋研究所の塚本勝巳教授（当時）によって、グアム島沖の深海（スルガ海山と呼ばれるあたり）であることが突きとめられた。深海で卵がかえると、2年くらいでシラスウナギ（稚魚）となり、日本の川にたどりつくと1年半で日本ウナギに成長する。この時期に捕まえた天然ウナギの蒲焼《かばやき》が美味である。さらに成長するとオオウナギとなり、今度は産卵のため深海を目指して海に泳ぎ出る。

ところで、なぜ、川で獲れる天然ウナギがオスばかりかということだが、ウナギは雌雄同体で、成長するにしたがってオスになったりメスになったりする。そのため、川にいる時はオスの生殖腺が発達するのでオス、成長して海に戻るとメスの生殖腺が発達してメスに変わる。メスになったウナギが深海で産卵するのである。

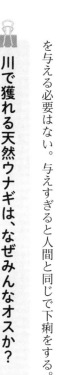

4章

植物をやさしく撫でると、早く花が咲くのはなぜ？

【植物・自然】雑学

四つ葉のクローバーを見つけると、なぜ幸運か？

原っぱや牧場のような日当たりのいい場所に繁茂しているクローバーは三つ葉ばかりで四つ葉を見つけるのは難しい。この、なかなか見つからないことと、四つ葉が十字架を連想させる形であることから、ヨーロッパでは昔から幸運のシンボルとされてきた。実をいうと、四つ葉は日当たりのよくないところでは簡単に見つかる。光合成の効率が悪いと養分不足となるので、葉の数を増やし効率を上げようとするからだ。しかし、人々が四つ葉を探すのは、牧場や原っぱなど日当たりのいいところだからなかなか見つからない。

植物をやさしく撫でると、早く花が咲くのはなぜ？

これは植物生理学でいう接触形態形成といわれる現象で、いつも触られていると、植物はそのことが何か自分に害を及ぼすのではないかと感知し開花促進作用のあるエチレンガスを出す。そして生長しきらないうちに花をつけ、障害を回避しようとする。撫でられて気持ちいいから咲くのではなく警戒して花をつけるのだ。

植物の葉っぱは、なぜ緑か?

空が青いのは、太陽光のうち、一番波長の短い青が大気の微粒子によって散乱（反射）され空を満たしているからである。葉っぱが緑なのも、緑の光をたくさん反射するからである。なぜ反射するか?　それは、葉緑体にぎっしり詰まっている葉緑素が光合成を行う時、赤と紫の光のエネルギーを使い、他の色は使わないからである。使う光は吸収し、使わない光は反射する。反射された光で一番多いのが緑だから、葉っぱは緑なのである。

パリの凱旋門は石造りなのに、なぜ苔が生えていないか?

日本人にとって苔はなじみ深い。苔に美を見出し大切にしている。古い寺には長い

時をかけて境内の庭一面に美しい苔が生え、その美しさが、訪れる人々の心をいやす。ところ変わって、1836年に完成したパリのエトワール凱旋門は、苔が生えてもいいくらいの歴史を持っているが生えていない。なぜだろうか？ それは、フランスをはじめヨーロッパでは苔は除去すべきものだからだ。除去費用が大変なので、フランス政府は、どうにかして凱旋門に苔が生えてこないようにできないか毎年頭を悩ませているという。

西洋タンポポは来日アメリカ人のサラダ用だった。食べられる？

タンポポは大きく分けると日本タンポポと、明治時代にアメリカ人が伝えた西洋タンポポの2種類がある。日本では野草に分類されるタンポポだが、ヨーロッパでは葉っぱをサラダにするので野菜に分類されている。日本にこのタンポポを最初に伝えたアメリカ人もサラダ用に持ってきたといわれ、それが全国に広がった。両者の違いは花の外をおおっている総苞《そうほう》（緑色）の外片が、花に沿って直立しているのが日本タンポポ、外に反り返っているのが西洋タンポポだ。

タンポポの綿毛はフワフワ飛ぶためだけのものではない？

タンポポや柳などの綿毛は、風に乗ってフワフワ飛んでいくためだけのものではない。観察していると、屋根や石畳など生育できない乾燥したところに落ちた綿毛は風が吹くとまた舞い上がり飛んでいく。そして湿り気のある、生育に都合のよさそうな土地に落ちるとべったり張りついてもう飛ばない。綿毛は湿気を見つける役割も担っているのだ。

苔はなぜ、じめじめしたところにしか生えないか？

苔は植物の仲間だが、草や木と違って、葉と幹や枝の区別がないし、花も咲かないし、実もできない。そして、もっと大きな違いは水を運ぶ仕組みがない。だから、非常に細い糸のような根を伸ばし、直接水分を補給できるようにじめじめ湿ったところに生える。直射日光が当たり、周りが乾燥すると苔も乾燥してしまう。しかし、枯れたわけではなく、時間を置かず水をやれば再生する。

クスノキ、スギ、イチョウのうち最も古い樹木は？

地球上のすべての生命は共通の祖先から誕生し、そのあるものが植物に進化し、あるものは動物に進化した。人間もおおもとまでたどれば、植物と同じ祖先だったということになる。植物ははじめ水中の藻類だったが、やがて地上に進出し、約3億年前の石炭紀にはシダ類が繁茂した。その後、シダ類自身の力によって地球環境が変化し、新しい環境に適応した種子植物が出現した。この時に登場したのがイチョウなどの樹木である。イチョウ、ソテツは現存する樹木の中で最も古い。

タケノコはなぜ、1日で1メートルも伸びることができるか？

雨後のタケノコというが、春真っ盛りの雨上がりの竹やぶではタケノコがものすごい勢いで伸びてくる。1日で1メートル以上伸びることも珍しくない。その秘密は葉の光合成でつくられた栄養素を、竹やぶに張り巡らされた根がたっぷり蓄えているからである。空をおおい尽くす竹の葉は燦々《さんさん》と輝く陽光を受け、光合成で養分をどんどん製造し根に送り込み、根はそれをたっぷり蓄えている。が、79ページで書いたように、タケノコが生長することによって大人の竹は養分を取られ、葉がハラハラと落葉する。歳時期でいう「竹の秋」である。

なぜ、昔の田んぼは春になるとレンゲ畑になったか？

昔は、春になると田んぼ一面にレンゲが咲いていた。といっても、農家にとっては、花を咲かせるのが目的ではない。土地を肥やす緑肥として植えたのである。レンゲの根には根瘤《こんりゅう》バクテリアが生息し、空気中の窒素を水溶性の窒素化合物に変える。それが肥料になるわけだ。田植えの前にレンゲを土壌に鋤き込むとイネの栄養分となる。

なぜ、サボテンは水をやらなくても大丈夫か？

植物が水分をたくさん必要とするのは、葉が蒸発させているからである。蒸発させて、吸い上げ、高い樹木でもてっぺんまで水が供給される。サボテンが水なしで大丈夫なのは水分を蒸発させる葉がないからで、水のない土地でも太い幹に水を蓄えて生きられる。見かけは異なっても、植物としての生態は同じ。季節がくれば花が咲き、実がなる。

カブは原産地の中国では食べ物ではない。では、何のために植えるか？

京都の聖護院カブなどに代表されるカブは千枚漬けなどにして日本人はおいしく食べているが、原産地の中国では食べ物ではない。荒地に種をまき、大きくなったらそのまま鋤き込んで土地を肥やすために使ってきた。人間の食べ物ではなかったのだ。日本人は昔から、渡来植物を改良しおいしく食べているが、カブもその1つである。

竹に花が咲くとなぜ、よくないことが起こるといわれるか？

竹に花が咲くのは数十年に1度という珍しい現象である。花が咲くのは、同じところに生育していると土地の養分がなくなり全滅するからで、種をつけ、鳥や風に運ばれて新しい土地で芽吹こうとしているのである。そのため、この種の栄養価はきわめて高く、それを食べた野ネズミが繁殖し、その野ネズミが作物を荒らすという悪循環が起こる。だから竹に花が咲くと不吉（不作）の前兆といわれ農家は警戒する。

多くの木の実は、なぜ、よく目立つ赤や黄色なのか？

ほとんどの木の実が赤や黄色の目立つ色をしているのは、鳥や小動物に食べてもらうためである。木の実の目的は新しい土地で芽吹き、子孫が生き延びていくことだが、そのためには種は移動しなければならない。すなわち、鳥やリスなど小動物に食べてもらい、新しい土地で糞の中に排泄される必要がある。だから、見た目がいかにもおいしそうな赤や黄色をしているのである。

森林浴は、なぜ健康にいいか？

森といっても木の種類によって違いがあるが、スギやヒノキなど低地の森林には、テンペル系の芳香物質がたくさん含まれている。ヨーロッパの森もヒマラヤスギやモミの木などでやはりテンペル系の芳香物質が濃い。このいい香りのする森には殺菌作用があり、それがフィトンチッド効果である。森林浴をするとその効果で免疫力が強化されるだけでなく、日頃のストレス解消にも効果絶大だ。

マッシュルームの日本名（俗称）は「バフンタケ」。どういう意味か？

グラタンやスパゲティに使われる白くてコロコロしたマッシュルーム（英語名）、フランス語でシャンピニオン、好物という人も多い。しかし、その日本名（俗称）はバフンタケ、バフンは馬糞である。なぜそんな名前がついているか？　それは馬糞で育てるからだ。だから、その産地は競走馬のトレーニング場の近傍が多い。もちろん世界中事情は同じで、毎日、新鮮な馬糞の出る競馬場や牧場の周辺で生産されている。

神社の境内には、なぜスギが植えてあるか？

花粉症のせいでスギはすっかり嫌われ者になってしまった。しかし、花粉症の原因となっているのは戦後に植林された西洋スギで、昔から生えている日本スギではない。神社の日本スギはよく見ると先が尖《とが》っている。これは鉾《ほこ》スギともいい、鋭く尖ったてっぺんに神様が降りてくると考えられている。神様の目印になる神聖な樹木である。

戦前にはなかった花粉症が猛威を振るっている理由とは？

花粉症はスギ花粉症ともいわれスギが主な原因とされている。しかし、昔から街道筋や神社の境内、山林にもたくさん植えられているのに、なぜ、戦後になって急激に増えたのだろうか？　それは戦中、戦後に日本スギを伐採した後、生育の早い西洋スギを植林したからである。ティッシュペーパーが花粉症対策のために、もともとアメリカで開発されたことでわかるように、過酷な自然の中で育まれた西洋スギは大量の花粉を遠くまで飛ばす力を持っている。このため広範囲に花粉症を誘発するのである。

公園に植えてあるキョウチクトウは恐ろしい。なぜか？

街路樹や公園でよく見かけるキョウチクトウは枝を折ると白色の乳液が出る。この液は、昔は強心剤や利尿剤として使われていた。薬になるということは量が多ければ毒にもなるということだ。馬が葉を大量に食べて死んだこともある。西洋ではフォークにして使って、死者が出たという例もある。植物毒の中では非常に強力な部類に入る猛毒、燃やした煙にも毒がある。公園で遊ぶ子どもに教えておきたい。

オオバコは、なぜ人に踏まれやすい場所に生えているか？

子どもの頃、茎で「草相撲」をして遊んだオオバコは、道ばたや広場など、人が踏みつけ他の野草が生えない場所に群生している。なぜかというと、もともと茎に、高く伸びる性質がないので、他の野草が繁茂するところでは日陰に押しやられ生存競争に勝てないからである。また、穂についた種は靴の裏やズボンの裾にくっついて他の場所に運ばれて繁殖するので、人通りが多い方が都合がいい。

日本の川は、なぜ、いつも豊かな水が流れているか？

少々雨が降らなくてもダムの水量が減らないのは、ダムの奥に広がる森に保水力があるからである。よく茂った森なら、1時間250ミリメートルといった大雨でも、そのすべてを吸い込んで保水する。そして、森にしみ込んだ水はチョロチョロゆっくり川に流れ出すので、その後、雨が降らなくても川の水は絶えない。森の土は、葉っぱが堆積した腐葉土なので、2メートル以上あるこの層の葉と葉の間に水は蓄えられるのである。森が伐採されるとこの層も消失し保水力はなくなる。

昔の街道の街路樹は今と違って柿や梨だった。なぜか？

街路樹といえばプラタナスやイチョウが思い浮かぶ。これらは排気ガスに強く生長も早いから全国的に採用されている。昔の街道沿いの街路樹といえば日光街道のスギや東海道の松が有名だが、それ以外の多くの街道に植えられていたのは柿や梨など実のなる木だった。昔の旅は凸凹の山道を歩いたので、疲れた旅人がその下で休息し、実を食べられる果樹が植えられていた。街路樹の下は休憩所であり、仮眠所、食堂でもあったのだ。

イギリスには、なぜ日本の山奥のような森がないか？

ロンドンには広大な公園がたくさんあり、また、環境保護を目的とするナショナル・トラスト運動発祥の国なので、イギリス人は植物を大切にし、その国土は森におおわれていると思うかもしれない。しかし、それは大いなる誤解だ。イギリスの緑は人工的に造成されたものばかりで天然の深い森はどこにもない。それは、18世紀の産業革命時代に森林を9割以上も破壊したからである。今、イギリスらしい風景として紹介される草原は森林破壊の残骸である。

日本の山は、なぜ深い森におおわれているか？

日本の山がハゲ山でない最大の理由は、農業と漁業が中心で牧畜が盛んになることがなかったからである。家畜は樹木の若芽、葉、樹皮、種子を食べるので、いったん森が伐採されると、樹木は早い段階で食い荒され再生できなくなる。また、日本の山は傾斜がきつく畑をつくりにくい。森や山をあがめる信仰があり、さらに降水量も抜群に多い。日本の森林面積の比率はアマゾンのジャングル地帯と同じだ。

なぜ、春先に中国大陸から黄砂《こうさ》が飛んでくるか？

黄砂は最近の現象かと思いきや、さにあらず。ずっと昔から飛来し、例えば、江戸時代の文献には「黄雪」と書かれている。しかし、最近、地球温暖化で飛来日数が増えているのは事実。その背景には中国の砂漠化が北京のすぐ近くにまで及んでいることがある。工業化で排出される大気汚染物質を黄砂は吸着して飛んでくる。だから、健康被害が心配だ。春先に飛来日数が多いのは、強い偏西風に乗ってくるからである。

生まれたての地球には酸素がなかった？

46億年前、直径10キロメートルくらいの微惑星がどんどん衝突し、成長して地球ができたが、その時の衝撃で軽い気体が蒸発し大気になった。その成分は水蒸気、二酸化炭素、窒素、塩酸ガスなど。その大気の中には、酸素は含まれていなかった。

なぜ、酸素がなかった地球に、今、酸素があるか？

酸素は、最初の生命が誕生し、それが今から27億年くらい前に藍藻類《らんそうるい》に進化し光合成を行ってはじめて地球上に出現した。藍藻類の化石は南アフリカやオーストラリアの古い地層から見つかっている。藍藻類はやがて大繁殖して海中をおおい大量の酸素を吐き出した。やがて、海中の酸素が余り、大気中に放出され、大気中の酸素濃度が濃くなると、太陽からの紫外線をカットするので、植物が陸上で生息できる環境となった。そして陸上に進出した植物が盛んに光合成を行ったので、大気中の酸素濃度はどんどん濃くなり、緑に覆れた地球が誕生した。酸素は植物がつくり出したのである。

旬の野菜はハウス野菜よりはるかに体にいい。なぜか？

日本人の体は季節とともに変化する。暑くて体力の落ちる夏は生理的に良質のたんぱく質が必要だが、動物たんぱくは体を酸性にして疲れやすくするので植物たんぱくがいい。一番いいのは旬の枝豆だ。秋は冬に備えて体力を蓄えるのでダイコン、カブ、サツマイモなど旬の根菜類をたくさん摂るといい。このように旬のものは人間の生理と切り離せない。これに対し、ハウス野菜は農家にとって生産は安定するが、人間の生理と合ってない。ただ、最近は交通手段が発達し、遠隔地の旬の野菜もあるので、季節はずれだからといって旬ではないとはいえなくなっている。ただし値段は高い。

イネは水につかったままなのに、なぜ根腐れしないか？

鉢植えの植物に水をやりすぎると根腐れして枯れる。イネは水田で水につかりっぱなしで大丈夫か。もちろん大丈夫だ。イネに限らず根が水につかる水辺の植物は、自分で葉から根に空気を送り込むことができるので、酸素不足で根腐れすることはない。水田は水を張ることによって、土の中で鉄と結びついていたリン酸を溶かし出し、これが栄養となる。また、水のおかげでイネ以外の植物は生えにくいという利点もある。

非常によく似ていることを「ウリふたつ」というが、なぜ、ウリか？

ウリでなくてもキュウリでもナスでもカボチャでもいいように思えるのに、なぜウリなのか。その理由はウリを半分に切るとわかる。ほぼ完全な左右対称である。ウリといっても、このウリは奈良漬け、守口漬けなどに使うシロウリだ。キュウリ、ヘチマ、ナス、カボチャなどは、半分にするとわかるが完全な左右対称ではない。

精進料理で、なぜニラ、ニンニクはダメか？

精進料理は肉や魚、卵など生臭いものは使わず、野菜や豆などの植物を素材にしてつくる。が、ニンニク、ニラ、ラッキョウ、ネギ、ノビル、ショウガの6つはダメ。なぜなら、これらには強壮作用があり煩悩の原因となるからだ。修行の妨げになる。

ニンニクにはガンを防ぐ効果があるといわれる。ホント？

ニンニクの臭いのもととなっているのはアリインという物質だが、ニンニクをすりおろしたり、切ったりしてしばらく置いておくと、酵素の働きでたくさんのアリシンに変わる。それをゆっくり低温で加熱するとガンの予防効果があるアホエンになる。この調理法がぴったり当てはまるのが、イタリアのスパゲティ料理ペペロンチーノであるという。

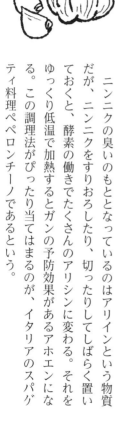

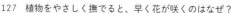

レンコンの穴は何のために開いているか？

蓮の地下茎であるレンコンは泥に埋まっているのでそのままでは空気と触れ合うことができない。そこで穴が開いているのだが、この穴は地上の茎や葉に開いている小さな穴とつながって空気や水蒸気が行き来している。レンコンはインドが原産だが縄文時代にはもう伝わっていた。ビタミンCの他、タンニンや鉄分を豊富に含み、止血作用があるので、すりおろした汁を

飲むと胃潰瘍、喀血、子宮出血などにも効果がある。

鉢植えの観葉植物を病気見舞いに贈ってはいけない。なぜか？

鉢植えの植物は根がついているので、「寝つく」につながるとされ、病気見舞いには縁起が悪いと昔から敬遠されてきた。

縁起が悪いだけでなく、植物の光合成で、昼間は部屋の二酸化炭素を酸素に換えていたものが、夜になると逆に酸素を取り込んで二酸化炭素を出すので、病室で寝ている人と同じ呼気となって、閉め切った部屋だと空気が悪くなる。

パソコンで目を酷使する人はブルーベリーを食べるとよい。なぜか？

パソコンやテレビゲームで目を酷使する人にブルーベリーが効くといわれるが本当だろうか。本当である。ものが見えるのは網膜の視細胞が光を電気信号に変換して脳に届けるからだが、この時、光を電気に変えるのがロドプシンという物質。これが少なくなると見えにくくなるが、ブルーベリーに含まれているアントシアニンという色素に、ロドプシンを増やす作用がある。黒スグリの実（カシス）にも含まれている。

なぜ、関西の生垣は竹や常緑樹、関東はけやきが多いか？

関東平野を走る電車に乗ると大きな屋敷の周りを囲むけやきの防風林に目がいく。

なぜ、けやきかというと、関東の大風は台風だから、台風の多い夏に葉が生い茂るけやきは風除けになる。しかし、冬の関東は台風がなく、寒さも厳しいので、陽射しが燦々《さんさん》と降り注ぐ方がいい。その点、けやきは冬には葉がなくなるので都合がいい。関西は暖かいので陽光より目隠しとしての生垣だ。だから、葉の茂っている竹や常緑樹を植えている。

中秋の名月に、なぜススキを飾るか？

昔はススキをかやぶき屋根の材料に使ったので、村にススキの草原が確保されていた。家畜の飼料にもなる。イネ科の植物なので中秋の名月の頃には実った稲穂とよく似た姿となる。この時期（旧暦の8月15日＝新暦だと9月中旬頃）、まだ、実った稲穂を飾るには早いので、その姿がよく似ているススキで代用した。また、ススキには神様が取りつくという自然信仰もあったので、月見に飾って、神様と一緒に静かに時を過ごしたのである。

5章

朝日はまぶしいのに、なぜ夕日はまぶしくないか？

【人体のふしぎ】雑学その①

朝7時に起きると夜11時に眠くなる。なぜか？

生まれた時から人は1日24時間のリズムで生活するので、あらかじめ体に組み込まれている時計遺伝子がこのリズムを学習し、体内時計として定着させる。この体内時計のリズムに対応して脳の松果腺《しょうかせん》から分泌されるのが、睡眠と関連がある脳内物質メラトニンである。このメラトニンは、起床した時間の14時間後からつくられ始め、その2時間後に分泌されるので、午前7時に起きた人は午後11時に強い眠気に襲われるのである。

人はなぜ、毎日、眠らなくてはならないか？

睡眠中の脳を調べると、たんぱく質の代謝が活発に行われているので、起きている時より20パーセントも血流が増えている。起きている時に、脳を使って生じた疲労物質を取り除いたり、消費してしまった脳内物質を補給したりするのが睡眠の主な役割である。体の方は横になるだけでも疲れがかなり取れるが、脳は眠らなければ回復しない。ぐっすり毎日眠るのが、脳を健康に保つ一番大切なことである。

年を取ると、なぜ、早起きになるか?

眠りはバタンキューと同じ状態が続くのではなく、一晩のうちに、浅い眠りと深い眠りを交互に繰り返して朝を迎える。この眠りのパターンは年齢とともに変化し、年を取ると浅い眠りの時間が増える。だから、周りが明るくなり、鳥のさえずりや車の音が聞こえると、浅い眠りの多い老人はすぐ目覚めてしまうのだ。

本当に眠気を吹き飛ばしたいならコーヒーより抹茶がいい?

脳の中枢神経を刺激し覚醒作用のあるカフェインをたくさん含んでいる飲料はコーヒーがよく知られているが、もっと強力な飲料がある。何しろコーヒーの倍以上のカフェインを含んでいるのだから受験勉強や運転中の眠気覚ましには持ってこいだ。それは抹茶。コーヒー豆のカフェイン含有率が1・3パーセントなのに対し抹茶は3・2パーセントと倍以上である。ただ、カフェインは、毎日飲んでいると頭痛を誘発することがある。頭痛持ちはコーヒー、紅茶、緑茶は控えた方がいいかもしれない。

赤ん坊は、なぜ1日に何回もオシッコをするか?

赤ん坊は生まれて6ヶ月くらいまでは1日に20回以上、1歳では15回くらい、3歳でも10回くらいオシッコをするので、その期間中はオシメをはずせない。なぜ、こんなに小刻みかというと腎臓が未完成で濃い尿をつくることができないからである。だから薄い尿を何回にも分けて出し、老廃物を捨てている。オシッコの回数が多いのは新陳代謝が活発に行われ、すくすくと育っている証しと思っていればよい。

抱いている子どもが眠ると、なぜ重く感じるか?

子どもを抱くとしがみついてくる。この時、子どもの重心は抱いている人の脚の上近くにありバランスがいい。しかし、子どもが眠ると、後ろにそっくり返ったり、左右にだらりとして重心が移動する。抱いている人は、バランスを保とうと、腕に力を入れなくてはならない。力を入れるから重く感じる。重いからといって、エイヤッと抱き起こしていると「揺さぶられっ子症候群」になることもある。脳や神経にダメージを与え、言葉の発達が遅れたり、目、耳などの感覚器官に障害が出ることもあるから気をつけよう。

眠くなると、なぜ赤ん坊の手足は温かくなるか？

赤ん坊に限らず人間の体は、目覚めている時は交感神経の働きで血管が収縮しており、眠っている時は交感神経が働かないので開いている。血管が開くと放熱が始まるので手足は温かくなる。手足は外気に触れているので体温が低いのが普通だが、眠くなるとそれとわかるほど温かくなるので、赤ん坊や子どもは手足に触ってみるとすぐ眠いとわかる。

朝日を浴びない生活はメタボになりやすい。なぜか？

日本大学の研究グループによると、残業続きで夜食生活を続け、翌日はフレックスタイムで午後出社し夜中まで働くという、多忙なビジネスマンにありがちな生活スタイルを続けていると、朝日を浴びることができないため、メタボリックシンドローム（メタボ）体型になるという。これは細胞の中にあって、脂肪をためやすくさせるたんぱく質BMAL1《ビーマルワン》が増えるから。このたんぱく質は朝日を浴びると減るが、浴びないとそのまま残って悪さをする。

朝日はまぶしいのに、なぜ夕日はまぶしくないか？

天気がよければ朝日も夕日も同じ明るさだから、どちらかがより強烈でまぶしいということはない。となると、目の方の問題になる。朝日は、夜の暗さに対応すべく瞳孔が開いた目に光が飛び込んでくるので刺激が強い。だから、まぶしい。夕日は、昼間の明るさに対応すべく小さくなっている瞳孔に光が飛び込んでくるので、真っ赤な太陽に見とれていてもまぶしくはないのである。

なぜ、パソコンを長時間操作するとドライアイになるか?

まばたきの回数が減るからだ。普通、まばたきは1分間に男性20回、女性15回くらいだが、何かに集中するとその回数が極端に少なくなる。読書だと男性10回、女性7回、パソコンだとそれぞれ5回くらい、テレビゲームだと3回くらいになる。まばたきは涙で目の表面をうるおし、像のボケや歪みを修正するのに役立っている。だから回数が少ないと、表面が乾燥し、ゴロゴロしたり、痛くなったりするドライアイの症状になりやすい。

八重歯は、なぜ女性に多いのか?

八重歯になる上顎犬歯《じょうがくけんし》は、周囲の歯よりも生えてくるのが遅い。このため、生えるスペースがないということがよくあり、その時、横にはじき出されて八重歯になる。女性に多いのは、女性の方が周囲の歯の成長が早いからである。人前で歯を見せないのが基本マナーとされている日本では、たまにチラリと見える八重歯はチャームポイントの1つとされるが、アメリカやヨーロッパでは「ドラキュラの牙」といって嫌われる。

瞳が黒く見えるのは、黒色だからではない。ではなぜか?

目は黒目と呼ばれる瞳、その周りの虹彩、その外の白目の3つが外から見える部分だ。瞳が黒く見えるのは黒いからではない。実際は透明だが、中に入った光が吸収され、光が出てこないから黒く見える。黒い目、茶色い目、青い目は虹彩に含まれているメラニン色素の量によって決まる。色素が多ければ黒、少なくなると茶、もっと少ないと青や青緑となる。東洋人は色素が多いので黒か茶、欧米人は色素が少なく青や青緑だ。

青い目の人はサングラスを手放せない。なぜか？

1931年、パイロットの目を紫外線から保護するために開発されたサングラスだが、その後、青い目の欧米人たちにとって必需品となった。というのは、虹彩のメラニン色素には紫外線を防御する働きがあるが、青い目の虹彩には少ししかメラニン色素がないからだ。ファッションの1つとしてサングラスをかける人も多いが、最近は紫外線の害が広く知られるようになり、目の保護のためサングラスをかける日本人も増えている。

子どもの目は、なぜ澄んでいるか？

子どもの目がなぜ澄んでいるかは、大人の目がなぜ濁っているかを考えた方が早い。目覚めている間は、目を使い続けるので、大人の目は酷使されている。長い間には、大気や紫外線にさらされ白目が汚れてくる。汚れの主なものは、色素が沈着したり、血管が拡張してきたりした結果だ。汚れると、澄んだ子どもの目に比べてどんよりして見える。白目と黒目の境もはっきりしない。瞳も小さくなる。それらが濁った印象になるのだ。

なぜ、緑は目にいいか?

緑は目にいいというのでパソコン画面の背景色を緑色にしている人がいる。しかし、眼科医によれば、可視光線は、どの色が特に目にいいということはないという。波長の短い紫外線が角膜を傷つけたり、波長の長い赤外線が白内障の原因になったりすることはあるが、可視光線には長所も短所もない。ただ、遠くの山や森の緑を見る時は、目に微調整の必要がなくなるので休むことができる。それが目の神経や筋肉にいいのは確かだそうだ。

目隠しして歩くと、なぜ出発地点に戻ってしまうか?

霧や吹雪に巻かれて遭難すると、道に迷って同じところをグルグル回っていたという話をよく聞く。これは目隠しして歩いているのと同じ状態になるからだと考えられる。目隠しされると目からの情報が入らないので、例えば、右足の筋肉が強ければ弱い方の左回りに歩いてしまうということが起こる。人体は内臓、骨格、どれも左右対称ではないからどちらかに片寄って歩き、結局、グルグル同じところを歩くことになるわけだ。

なぜ、皇居1周のランナーは左回りが多いか？

皇居を1周するお堀端コースは東京の著名なランニングコースとなっているが、不思議なことに、なぜかランナーのほとんどは左回りに走っている。左回りが多い。その理由は人間工学のある研究者によると、「人間は右利き左利きを問わず、左回りに歩く生き物だから」ということである。なぜなら、「人は右足が長く」、また「心臓が左にあるのでそれをかばい」、そして「利き足は右がほとんどなので右を強く蹴る」からだという。

運動をしないと、カルシウムを摂っても骨はやせ細る。なぜか？

1970年、18日間の宇宙長期滞在を終えた旧ソ連のソユーズ9号の宇宙飛行士が地上に帰還した時、出迎えた医師団は、そのあまりの変わりように驚愕した。飛行士たちは地上に降り立つことすらできず、また、その筋肉は激しく削げ落ちていた。われわれの体を支える骨はがっしり安定して見えるが、実は、古い骨は日々壊され、新しい骨が生まれている。運動で筋肉を動かすと、骨は引っ張られ、押され、圧力を受ける。この圧力を跳ね返す形で骨細胞が活動し新陳代謝が進むのである。宇宙飛行士は狭い無重力空間でじっとしていたので筋肉が衰え、骨の新陳代謝が行われずやせ細ってしまったのだ。

折れた骨はどのようにして元に戻るか？

骨が折れると中の血管が破れて血液の塊ができる。折れた部分を元に戻して固定しておくと、この塊が骨の隙間を埋め、細胞増殖を起こす「肉芽」という組織になる。この肉芽がやがて骨に変化していくのである。血液が骨になっていくのだ。

顔は、なぜ赤くなったり青くなったりするか？

赤くなるのは顔の血管を流れる血液量が多いからであり、青くなるのは少ないからである。血液量は血管の伸縮で左右されるが、恥ずかしい時や暑い時は血管が伸び血流が多くなるので赤くなる。恐怖を感じた時や寒い時は血管が縮んで血流が少なくなるので青くなる。血管の伸縮は自律神経が支配しているので、自分でどうにかしようと思ってもできない。だから「赤くなるな！」と思っても、恥ずかしいと赤くなってしまう。

酔ってくだを巻く白人はほとんど見かけない。なぜか？

酒席でくだを巻く白人を見かけないのは、体質的に酒に強いからである。アルコールは体に入ると、いったんアセトアルデヒドという物質になり、これが酵素によって水と二酸化炭素に分解されるが、この酵素の種類が日本人と白人では異なる。白人の酵素は、入ってきたアルコールをすぐ分解してしまうが、日本人の酵素は分解が始まるのに時間がかかる。アルコールの滞留時間が長いので深く酔い、くだを巻くのだ。

同じ親から生まれた兄弟の見た目が同じではないのは、当然か？

すべての精子には父親からの遺伝情報が設計図として入っているが、射精された2～3億個の精子のどれ1つとして同じものはない。一方、卵子も設計図を持っているがやはり同じものはない。これは全人類の過去現在についていえることなので、自分と同じ遺伝情報を持った生命は自分しかいない。もし、何かの加減で、あなたになる卵子が受精した精子が、別の精子だったら、今のままのあなたは存在していないのだ。

夏になると、なぜ、健康な人でもすぐバテるか？

夏は汗を大量にかく。運動をしない日でも2～3リットルは出る。そして、この汗を蒸発させることによって体温は調節されているのである。とはいえ、ほうっておいて蒸発はしないからエネルギーが必要である。その必要量は2～3リットルの汗で1000キロカロリー。これはクロールで1時間泳いだ時と同じエネルギー消費量だ。食欲が落ちる夏にこれだけのエネルギーを消費すれば疲れを感じるのは当然だろう。

酒を飲みすぎると、なぜ肝臓がやられるか？

肝臓は普段から、体内に入ってきた毒性物質を排除し、アミノ酸から糖をつくったりするなど大忙しである。アルコールは毒性物質なので、酒を飲むと仕事がもう1つ増える。アルコールをアセトアルデヒドにし、酢酸に変えなくてはならないからだ。酢酸は体内の細胞によって二酸化炭素と水分に分解され、吐く息と尿となって体外に排出される。酒を毎日飲んでいると肝臓はこの処理のためフル回転せざるを得ず、疲れきってしまうのだ。

女性の方が、なぜストレスに強いか？

職場ストレスの被害の数は女性の方に多いが、ダメージは男性の方が強く受ける。失恋によるストレスでも、女性は仕方ないと気分転換できるが、男性は簡単には立ち直れない。サルの実験でも、同じ刺激に対しメスは平気でもオスは胃潰瘍になった。女性ホルモンには血管を広げる作用があるので胃潰瘍などストレス病から守られているが、男性ホルモンは充血させる作用があるので、ますますストレス病に弱い。

トウガラシをたくさん食べる人は、なぜ太らないか？

肩甲骨の間やうなじには褐色脂肪細胞という細胞が分布しているが、これが広い範囲にたくさんある人は食べてもあまり太らない。この細胞には余分な脂肪を燃やす働きがあるからだ。ただ、人によって多い少ないがあり、多い人は脂肪分を摂りすぎるとうなじや肩甲骨のあたりの体温が上がるのでそれとわかる。トウガラシ、カラシ、コショウなどを食べるとこの細胞が活発になるので、ダイエットにはこれらの香辛料をたくさん摂るといい。ただし、摂りすぎると胃壁が荒れるので、過ぎたるは及ばざるがごとし、となる。

なぜ、年を取ると昔のことしか思い出せなくなるか?

人の記憶力には「保持力、記銘力、想起力」の3つの能力がある。保持力は覚え続ける能力、記銘力は新たに覚える能力、想起力は覚えていることを取り出す能力だ。若い間は脳の元気がいいので3つとも活発に働いているが、年を取ると保持力と想起力が急速に衰える。だから、つい最近のことでも思い出せなくなるが、長期記憶(昔のこと)の保持と想起は比較的可能であることがわかっている。

なぜ、ソバ殻の枕がいいか?

ソバの一番外の果皮を枕に詰めたものがソバ殻枕だが、その長所は、熱をよく放散することだ。つまり頭を冷やす効果がある。アズキにも同じ効果があるが値段が高い。ソバ殻は感触もプラスチックの小片を詰めたものに比べ頭によくなじむ。愛用している人は、ぐっすり眠れるので手放せないという。ただ、最近は、ソバアレルギーの人が増え、その影響でソバ殻枕を敬遠する向きもある。需要が落ち込み、余った分は産業廃棄物として処理されている。

ひじをぶつけるとしびれる。なぜか？

ひじには神経の束が通っており、それが直接刺激されるのでしびれる。神経は人体の隅々まで張り巡らされているが、全体を見ると、細い枝が集まって太い枝となり、幹となるように、細い神経が集まって束となっている。ひじにはその束が通っているが、骨に囲まれ薄い皮膚におおわれているだけなので、直撃されると骨との間に挟まれてしびれてしまうのだ。軽く押すだけでもしびれる感じがする。

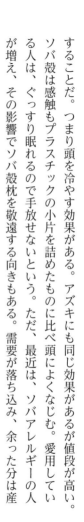

みぞおちを打たれると気絶するほど痛い。なぜか？

盲腸炎やすい臓炎の初期の痛み、胆石の痛みなどがみぞおちに出ることでわかるように、そこには腹部の痛みを伝える神経が集中している。また血管もこのあたりから腹部の各器官に広がっている。このためみぞおちに衝撃が加わると、痛いだけでなく血圧が瞬間的に上がり、心臓の鼓動が早くなり、息苦しくなる。格闘技でもみぞおちを直撃されると、選手が意識を失って倒れることがよくある。

無理なダイエットをしていると心臓が止まることがある。なぜか？

大雑把にいうと、人体は骨と肉でできている。だから育ち盛りの時期はカルシウムを欠かすことができない。普通の食事を朝昼晩摂って、運動をしていれば問題はないが、栄養が偏りやすい無理なダイエットを繰り返すとカルシウム不足となる。カルシウム不足は人体の成長に影響を与えるだけでなく、脳の働きも左右し、心臓の筋肉の痙攣を招くこともある。しかも、不機嫌になりやすいので、腹を立ててポックリ逝ってしまうということも起こり得る。

氷点下の寒気を吸い込んでも、なぜ、のどの毛細血管は凍りつかないか？

南極は氷点下の気温だが、観測基地の人はそんな冷気を鼻から吸い込んで大丈夫なのだろうか。もちろん大丈夫だ。なぜかというと、鼻は、殴られると鼻血がすぐ出ることでわかるように、内部の皮膚表面に無数の毛細血管が走っている。その中に、特に毛細血管が密集しているキーゼルバッハという部位があり、そこはいってみれば電熱器のような働きをする。冷たい空気が通ると急速に温めることができるのだ。実験によると、マイナス40度の冷気でも、気管に入る時は24度くらいになっている。

6章

長湯をすると、なぜ指先にシワができるのか？

【人体のふしぎ】雑学その②

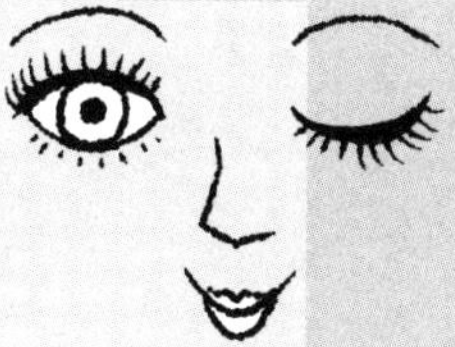

酔っ払いは、なぜ、よくしゃっくりをするか？

研究で、しゃっくりは、母親の胎内で羊水に浮かんでいる胎児が、誕生後に備え、肺呼吸の訓練をするために人体に組み込まれている「反射」の1つということがわかった。実際、胎児はよくしゃっくりをするそうだ。赤ん坊もよくしゃっくりをする。しかし、生まれて成長した後は、この反射は無用なので、ガンマアミノ酪酸という神経伝達物質によって抑え込まれている。ところが、酒を飲んで酔っ払うと、アルコールの作用でこの抑制がはずれる。だから、「ひっく」「ひっく」と出る。すなわち、しゃっくりが出るほど飲んだ時は、相当酔っていることになる。

男の子を身ごもると母親の顔はきつくなる。なぜか？

オスザルを身ごもった母ザルは、オスのような行動を取ることが実験で確かめられている。血液を調べると、明らかに、男性ホルモンの量が多くなっていた。人間の場合も、男性ホルモンが影響して男っぽい行動に出る母親もいる。顔つきもきつくなる。

男性は2億～3億個という膨大な数の精子を射精する。なぜか？

よい遺伝子を持った「強い精子」を受精させるためである。女性に対して射精された精子は子宮、卵管を通って卵管膨大部にある卵子を目指し突進するが、その間にいくつかの関門がある。その最初は粘液。膣内の酸性の粘液に触れると精子は即死する。うまくくぐり抜けて、子宮に進むと今度は白血球の攻撃を受ける。うまくかわして卵管に進むと、繊毛に妨げられふるい落とされてしまう。こうして、数々の難関をくぐり抜けた100個前後が卵子にたどりつく。選ばれた100個である。

卵子が受精するのは1個の精子なのに、なぜ100個もの精子が到達するか？

前項の続き。さて、受精するのはたった1個の精子なのに、なぜ、100個もの精子が卵子に到達するのだろうか。それは1個の精子だけでは、受精のための力が足りないからである。卵巣から卵管部に来た卵子にはそれまで成熟を助けていた栄養細胞がくっついており、これが、一度にたくさんの精子を受精しないためのバリアとなっている。だから精子はまず、これを突破しなくてはならない。そこで、到達した100個前後の精子が次から次へと突進し、われ先にこれをはじき飛ばす。

しかし、それを突破しても、その向こうには卵子を保護する透明帯がある。これは異種（人間以外）の精子が受精するのを妨げる役割も担っている。そして、これを突破するとやっと卵子に突入できるが、1個の精子が突入した瞬間、侵入点を中心に透明で硬い受精膜が浮き上がり、卵子はこの膜におおわれてしまって他の精子の侵入を遮断する。侵入した精子の核は卵子の核と融合するが、この時点が受精の瞬間ということになる。

子どもの体温は、なぜ大人より高いか？

子どもは成長しているので、体重当たりに換算すると、大人よりたくさん食べている。たくさん食べれば、体内でつくられる熱量も相対的に大きくなるので体温は上がる。体温は食物が体内で化学分解される時、主に発生するのだ。また子どもは、体が小さいので、体重当たりの体表面積は大人の2倍もあり、気温の影響を受けやすい。気温が上がれば体温も上がる。その上、運動量が多いので汗をかきやすい。また、皮膚が汚れていると体温をうまく発散できず、その時も体温が上がる。

まゆ毛やまつ毛は、なぜ髪の毛のように長くならないか？

平安時代の絵巻物には腰より長く髪の毛を伸ばした女性が描かれている。また、胸のあたりまで伸ばしたひげの男性の肖像画も珍しくない。それに対して、まゆ毛やまつ毛が長く伸びたという話は聞かない。なぜかというと、まゆ毛やまつ毛は寿命が短いのである。髪の毛の寿命は3～6年、ひげは1～3年に対しまゆ毛とまつ毛は3～4ヶ月、しかも、伸びる速さも髪の毛の半分くらいと遅い。まゆ毛は人間に独特のもので他の動物にはない。額からの汗や水滴が目に入らないように役立っている。

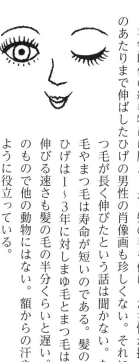

赤ん坊の肌は、なぜ、みずみずしいか？

赤ん坊の肌はみずみずしく弾力がある。みずみずしいのは皮膚組織に含まれる水分量が多いからだ。大人の体の水分量は体重の6割だが、赤ん坊は7割だ。胎児になるともっと多く、32週（40週で生まれる）で8割、さかのぼって20週の胎児は9割、さらに10週では9割以上と、ほとんど水といっていい。人間は、最初、水だったのである。逆に、年を取ると水分量は減り、40歳で5割5分、80歳になると5割と涸《か》れる。

熱が出る前に、なぜ寒気がするか？

熱が出る前は体がガタガタ震えて寒気を感じる。なぜ、ガタガタ震えるのか。それは脳が筋肉を収縮させ「体温を上げよ」と命令するからである。体温は脳の視床下部の体温中枢からの情報で上下するが、ここが病気で刺激を受けると、設定体温を高くして病原菌から体を守ろうとする。ガタガタと筋肉を動かし、体温を上げるのだ。

口に入れた食べ物は30回以上噛むべきである。なぜか？

唾液に含まれるペルオキシダーゼなど12種類の酵素の働きで発ガン性のある食品添加物の毒性が消えたり、薄められたりすることが実験で確認されている。よく噛むと、ご飯の甘味が増し、どんな食べ物も消化酵素と混ざり合ってうまみが出ることはよく知られているが、その上ガンの抑制効果があるというのだから食事はよく噛んで食べたい。唾液が最もたくさん出るのは口に入れて30秒後だから30回は噛むのがいい。唾液は1日に1～1・5リットル出るが、その99・5パーセントは水分である。

女性はなぜ、甘いものが好きか？

かつて、順天堂大学の新井《あらい》康允《やすまさ》教授がマウスを使って実験をした時、甘いものが好物だったメスのマウスから卵巣を取り除くと甘いものを好まなくなったという。また、生まれてすぐ去勢したオスのマウスは甘党になり、甘党のメスにアンドロゲンという男性ホルモンを注射すると甘いものが好物ではなくなった。以上の結果から、女性の甘いもの好きは女性ホルモンのせいと考えられている。

生命科学では私とあなたは99・9パーセント同じ。なぜか？

人の遺伝子を解読する「ヒトゲノム計画」は、1990年から始められ、2003年4月14日に完了した。現在、人のDNA遺伝子配列情報はデータベースに蓄積され、インターネット経由で誰でも閲覧できる。それによると、人の遺伝子はすべての人でほとんど同じ設計図であることが明らかになっている。ただ、0・1パーセントだけ1人1人で違うこともわかった。つまり、あなたも私も「人」として同じ遺伝子の設計図に載っており、個人差があるのはDNAの0・1パーセントにすぎないということだ。逆にいえば、その違いがあるからDNA鑑定ができるのである。

薄着をすると、なぜ風邪を引きやすくなるか？

風邪は風邪のウイルスに感染すると起こる。風邪の季節には、人込みはもちろんそうでないところでも大気中にウイルスがうようよいるので体力が弱っていると感染する。薄着をして寒い思いをすると、心臓を動かしたり、体温を調節したりする自律神経の機能が一時的に低くなる。健康な人はすぐ回復するが、中にはバランスが崩れたままウイルスに感染し、撃退できなくなる人もいる。これが風邪引きさんだ。

風邪を引くと、なぜあごのリンパ節がはれるか?

風邪を引いた時などに、あごや首、腋の下などに感じるグリグリとしたリンパ節は、リンパ管のところどころが膨らんで楕円形状になったもの。白血球がつくられ貯蔵されている。風邪の菌が入って気管や肺につくと、白血球が攻撃し、殺された菌は痰と一緒に排出される。菌が強いとリンパ管からリンパ節に入る。ここで白血球はさらに攻撃を加え、リンパ節はフル回転して白血球をつくる。そのため、手で触るとグリグリ感じるほどはれるのだ。

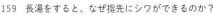

向こうずねや睾丸《こうがん》を打たれると、なぜ強烈に痛いか？

向こうずねと睾丸はともに、神経組織が張り巡らされた膜におおわれているが、筋肉がその上をカバーしていない。だから打たれると強い痛みに直撃される。向こうずねは皮膚のすぐ下に厚い神経組織のある骨膜があり、睾丸は胃や腸をおおっている腹膜がそのままぶらさがって陰嚢《いんのう》の中に入り込んでいる。

長湯をすると、なぜ指先にシワができるか？

長い時間お湯につかっていると体全体が少し膨らんでくる。触ると柔らかくなってポニョポニョしているのでわかる。全体が膨らむといっても、指先は爪があるので膨らんだ皮膚の行き場がなく、そのためにシワができる。また、指先の皮膚は表皮が他の部位より厚いので膨張率も大きい。だから他の箇所よりシワができやすい。

なぜ、腹いっぱい食べることを「たらふく」というか？

たらふくの「たら」は魚のタラだ。この魚は、いつもは100メートル以上の深い海にいるのであまり餌がない。そこで餌の魚、エビ、カニ、貝などを見つけるとにかく食べる。食べられるものなら何でも腹におさめてしまう。時には、自分の半分くらいの大きさの魚も丸呑みしてしまう。

気持ちが落ち込んでいる時は暗い音楽を聴く方がよい？

働き盛りの世代の人々に職場ストレスが原因の「うつ気分」が広がっているという。そんな気分の時は、軽やかで明るい音楽を聴いて気分転換をはかりたいところだが、あにはからんや、暗くてうつうつとした曲の方がリフレッシュ効果は大きい。クラシックでいえばフォーレ、モーツアルト、ベルリオーズらの「レクイエム」などだ。これは心理学で「同質効果」と呼ばれる現象で、音楽療法の研究でわかった。高ぶっている時は激しい音楽、落ち着かない時はテンポの速い音楽がいいのである。

なぜ、のどちんこがのどの奥にぶらさがっているか?

口蓋垂《こうがいすい》というのが正式名称だが、役割は、飲み込んだ食べ物が、何かの拍子で鼻に流れ込まないよう一方通行のフタをしている。食べ物を飲み込むと、のどちんこが、のどの奥にある鼻からの通路をふさぐ。こんな大切な役割ののどちんこだが、眠っている時はゆるんでのどの奥に落ち込むこともある。すると、息を吸い込む度に震え、いびきになる。人によっては先が2つに割れていたり、別々のものが2個あったりすることもある。

年を取ると、なぜ老人の声になってしまうか?

年を取れば目も歯も足も、体のいろんな箇所が一緒に年を取るのだから、声だけ年を取らないというのは逆におかしい。声帯もやはり年を取る。年齢とともに声帯の筋肉にシワができ、若い時のように均一ではなくなる。すると声の周波数にノイズが混ざり、だんだんひどくなると老人特有のしわがれ声になるのだ。

血は赤いのに浮き出た血管が青いのは、なぜか？

血液は赤いと思っているかもしれないが、動脈と静脈を流れる血の色は違う。血液の赤は赤血球の中に含まれるヘモグロビンの色だが、酸素と結合している時と、結合していない時では、その色が異なる。くっついて動脈を流れている時は鮮やかな赤、離れて静脈を流れている時は黒っぽい赤となる。黒っぽい赤が血管や皮膚の色を通して青く見える。

解熱剤を飲むと風邪が治りにくくなることもある。なぜか？

アメリカのM・クルーガーの実験によると、サバクイグアナに病原菌を注射すると温度の高い場所に移動し体温を上げようとした。そこでグループを半分に分け、一方に解熱剤を与え、他方に与えなかったところ、解熱剤によって体温を下げたグループは全滅した。下げなかった方は1匹死んだだけ。これがそのまま人間に当てはまるとはいえないが、発熱が病原菌への体の対抗手段であることは確か。風邪を引いても、健康な人は風邪薬を飲まない方がいい？

なぜ、飲み薬より注射や座薬の方が早くよく効くか？

飲み薬は小腸で吸収され血管に入るが、そのまますぐ、人体の化学工場の肝臓に回り、解毒作用によって大部分は効果が薄められたり、あるいは、体外に排出されたりする。これに対し、座薬や注射は血管に入っても、肝臓にすぐ行くルートではない部位なので、有効成分を体の問題部分にちゃんと配ることができる。その後、肝臓に回るのでよく効くのだ。

1歳までの乳幼児にハチミツは危険である。なぜか？

ハチミツには、猛烈な食中毒を起こすことで知られるボツリヌス菌の胞子が混入していることがある。だから、対抗できる腸内細菌の発達が十分でない1歳までの乳幼児には危険な食品である。胞子は腸内で発芽し毒素を振りまく恐れがある。薬をハチミツに混ぜて飲ませたところ、便秘になったり、乳を飲む力がなくなったり、呼吸困難になったりといった症状がある時は乳児ボツリヌス症を疑うべきである。1歳の誕生日を過ぎたら、腸内細菌が十分な量になるので心配はない。もちろん、大人は何の問題もない。

トランプの「神経衰弱」、なぜ子どもの方が強いか？

子どもの脳は中身が少ないので「空き」が大きい。だから、大人はかなわないというのは負け惜しみ。覚え方が子どもと大人では違うのである。子どもの脳は置かれたトランプを、地図を見るようにパッと覚える。一方大人の脳は、「上から1段目がスペードのエース、その斜め上がハートのキング」と理詰めで覚えようとする。このため情報量が多くなり、手に負えなくなって、パッと覚えた子どもに負けるのだ。

くしゃみに混入する風邪ウイルスをマスクで防げるか？

防げない。くしゃみで放出される吐く息の速度は時速160キロメートル以上、新幹線「のぞみ」の半分の速さである。100メートル離れたところに2秒で到達する。こんな猛スピードでハークションとやるのだから、マスクの布目などあってなきがごときものだ。最近は防菌マスクもあるが、横からもウイルスは飛び散るのであまり効果はない。他人のくしゃみから自分を守るには免疫力しかないだろう。免疫力があれば、はじき返せる。

足を伸ばして上体起こしの腹筋運動をしてはいけない。なぜか？

うさぎ跳びが体によくないことは広く知られてきたが、伸ばした足を押さえてする腹筋運動もよくない。このやり方で鍛えられるのは大腿四頭筋《だいたいしとうきん》やお腹の奥にある股関節筋などで腹筋ではないからだ。股関節筋が強くなると背中が反り返り、腰に負担がかかるので腰痛になりやすくなる。上半身を床につけ、伸ばした足を上げる腹筋運動も同じ理由で危険だ。スポーツ医学によると、腹筋をどうしても鍛えたいなら、膝を曲げ、上体を軽く起こすぐらいがちょうどいいという。やりすぎはいけない。

スピーチの順番が迫ると口が乾いてくるのはなぜ？

普段、しなれていない人にとってスピーチはかなりのストレスである。ストレスを感じると脳の視床下部の自律神経が強い影響を受け、体内を巡る物質に変化が起こり、いろんな反応が現れてくる。例えば、アドレナリンが増え、アセチルコリンが減ると唾液の分泌が抑えられるので口の中が乾く。心臓もドキドキし、胃腸の働きが抑えられ、ご馳走がのどを通らなくなる。そんな時は、手をぎゅっと握り締め、パッと開くとよい。

腎臓でろ過された水分はすべてが尿になるのではない？

心臓や肝臓の働きはわかっていても腎臓で何が行われているか知らない人は多い。簡単にいえば人体の60パーセントを占める水分をろ過し再利用しているのだ。再利用というと、尿として排泄しているのではないのかと思うだろうが、腎臓が1日にろ過する水分は180リットルだからドラム缶約1個分、これに対し排泄される尿は1・5リットルにすぎない。水分をきれいにして循環、再利用するのが腎臓の役割だ。

病気になりたくなかったら「腹を立てない」は本当。なぜか？

腹を立てると胃の周りの平滑筋《へいかつきん》が縮み、その作用で、いつもは斜めの胃が吊り上げられて立った状態になる。まさに腹（胃）が立つのだ。胃が痛い時もやはりこのような状態になるから、腹を立てると胃が痛くなるのは当然だ。胃潰瘍、糖尿病、リウマチ、動脈硬化など、腹を立ててばかりいるとかかりやすい病気はいくらでもある。

火事場のバカ力は、ひ弱なあなたにも訪れる？

おばあさんがタンスをかついで逃げたなどという話は、「火事場のバカ力」といわれる。だが、あり得ないことではない。血液中にはカテコールアミン（アドレナリンやドーパミンなど）というホルモンがあり、急激なストレスを受けると、このホルモンの血中濃度が一挙に2倍に跳ね上がることが、実験でわかっている。このホルモンが瞬発力の必要な時に、血管を強く収縮させ、手や足の筋肉に大量の血液を送って「火事場のバカ力」を実現することがある。

100メートル走のチャンピオンは、なぜマラソンで勝てないか？

筋肉は速筋線維《そっきんせんい》、中間線維、遅筋線維の3種類でできているが、運動の種類によって鍛えられる種類が異なる。100メートル走やレスリングなど大きな力を出す運動では速筋線維が鍛えられ、マラソンや遠泳など持久力が必要な運動では遅筋線維が鍛えられる。遅筋線維は細胞内の酸素利用の部位であるミトコンドリアがたくさんあるので持続力に富んでいる。この2つの線維のどちらが強いかは生まれながらのものなので、短距離走者か長距離走者かどちらかのチャンピオンにしかなれない。

長い時間正座をしていると、なぜ、しびれるか?

長い時間正座をしているとしびれるのは一時的な血行障害が起こるからである。しびれは、血液が流れていないことへの警告だ。そのメカニズムだが、血管の中にはもともとしびれを引き起こす物質があり、血液が流れなくなると血管の外にしみ出し、神経組織の1つであるC線維を刺激する。刺激されると広範囲で痛みを感じるが、この痛みの広がりがしびれである。いったん起こると足の筋肉全体が酸性になり、この刺激物質を壊す酵素が働かなくなるのでますますジンジンするわけだ。

7章

なぜ寿司屋では、酢飯のことをシャリというか？

【食べ物】雑学その①

なぜ寿司屋では、酢飯のことをシャリというか？

お釈迦様の骨をシャリ（舎利）といい、真っ白だったことから、白米のご飯に「ありがたい」という気持ちを込めてシャリというようになったのだという説があるが、間違い。この語が仏教からきたのは確かだが、サンスクリット語で米はシャーリ、そこから白米ご飯をシャリというようになっただけの話。お釈迦様の骨・肉体・遺体を表す仏舎利のサンスクリット語はシャリーラだから寿司とは無関係。サンスクリット語の音を漢字で表す（音写という）時、たまたま、同じ「舎利」を当てたことから混乱したと思われる。

寿司屋に、なぜガリが置いてあるか？

電気冷蔵庫のない時代は、魚の鮮度を保つのが難しかった。鮮度のよくない魚は生臭さが強いので臭い消しにガリを出した。ガリがはじめて登場したのは200年くらい前といわれ、臭い消しとしてだけでなく、前に食べた魚の味が口の中に残らないようにという配慮もあった。ガリが嫌いな人は、熱い「あがり」を飲むと口の中がさっぱりする。

寿司屋の「あがり」は、なぜあんなに熱々か？

酒の飲める人は寿司屋に行くと「ビール」や「日本酒」を注文するが、寿司を本当に味わいたいなら熱い「あがり」がよい。というのは、寿司ネタは生だから脂肪分が残っている。それがおいしいのだが、例えば、トロを食べた後さっぱりした白身魚を頼んだら、口の中もさっぱりしていたい。そこで熱いお茶を含み、脂肪分を流す。緑茶に含まれているフラボノイドには臭いを消す作用もあるので、前に食べたネタの残り香も消える。

ちなみに「あがり」とはもともと花柳界で使われていた言葉で、客が帰る直前に出されるお茶のことを「あがり花」と呼んでいたことに由来している。

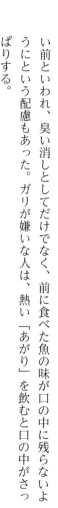

山岳地帯の縄文人はどうやって塩を手に入れたか？

5000年前の縄文時代中期は気候が安定し信州、飛騨といった山岳地帯で人口が爆発的に増えた。そこで疑問に思うのは山の中で塩をどう入手したかだが、はじめ歴史家は実に塩のできるヌルデという植物を考えた。しかし、それだけでは量が少ない。そんなある時、縄文土器の底に塩化ナトリウムが見つかった。海の塩である。つまり、山の中の縄文人は海から塩を運んでいたのだが、出土した土器がきれいに洗ってあったので歴史家は気がつかなかったのだ。古代日本の製塩は『万葉集』に「藻塩焼く」とあるように、打ち上げられた海藻を集め、土器の海水に溶かし込み、濃縮し、煮詰めたと考えられている。

懐石料理は、なぜ、懐に石と書くのか？

鎌倉時代、禅宗の僧侶は修行中の寒さと空腹をしのぐために僧衣の帯の上に温めた石を入れていた。そのことから懐石とは禅僧を表し、禅僧が食べる精進料理を懐石料理といった。一方、禅僧の栄西が茶を中国から持ち帰ったところから、禅と茶とは切っても切れなくなった。そういうことから、千利休が、会合に出す料理として茶懐石料理をつくった。だから、禅僧が食べる本来の懐石料理と、客をもてなす茶懐石料理とは違うものだが、最近は高級料理の代名詞として「懐石」という言葉がごちゃまぜに使われている。

緑黄色野菜をたくさん摂ると、なぜガンにかかりにくくなるか？

呼吸で体内に取り込まれた酸素の一部はフリーラジカルという活性力の高い酸素に生まれ変わり、細胞膜や遺伝子を傷つける。傷ついた細胞膜や遺伝子が修復されなければガンになる可能性が高くなる。緑黄色野菜に含まれているβ-カロチンはこのフリーラジカルの発生を抑える働きがあるので、たくさん摂取するとガンにかかりにくくなる。カボチャ、ニンジン、柿、マンゴー、海藻、小松菜、ほうれん草などをよく食べるとよい。

ヤマイモやサトイモを食べるとかゆくなる。どうすればいいか？

とろろ汁を食べると口の周りがかゆくなるのは、材料となるヤマトイモやナガイモにシュウ酸カルシウムの結晶が大量に含まれているからである。10分の1ミリメートルくらいの針のような結晶が皮膚を刺激するのでかゆい。かゆくなるのが嫌だったら酢やレモンをかけるとよい。シュウ酸の結晶が溶けて針のようではなくなる。

ヤマイモは、なぜ、すりおろして食べるか？

ヤマイモはイモ類の中で、生で食べられる種類である。ヤマイモにはデンプンの消化を助けるアミラーゼという酵素が含まれており、すりおろし、さらにすり鉢ですると細胞が破壊されアミラーゼを最大限活用することができる。この酵素は生の方が効果大なので熱いだし汁などでのばさない方がよい。ヤマイモ自体の消化がいいだけでなく、かけて食べるご飯や麦飯の消化も促す効果がある。強壮、有害物質を分解する作用もある。食物繊維もたくさん含まれているので体にいいことずくめである。

マクドナルド・ハンバーガーはなぜ「マクドナルド」か？

今や世界のマクドナルド・ハンバーガーだが、始まりは、映画の休憩時間に観客が食べる軽食として考案された。カリフォルニア州パサデナで映画館を経営していたマクドナルド兄弟は映画の観客が休憩時間に軽い食べ物を欲しがるのを知って、ためしにパンの間にハンバーグステーキを挟んで売ってみた。すると飛ぶように売れた。そこで映画館を、もっと儲かるハンバーガーショップに改造し1948年にセルフサービスの店として開業した。この形式が大成功をおさめ、全米に進出して一大チェーンを築いたのだ。

タマネギの茶色の皮にはやせる効果がある？

タマネギの血液サラサラ効果は今や子どもでも知っているが、その秘密は、生のタマネギを食べた時の辛い物質、硫化アリル。この物質は切ってしばらく置いておいた方が多く形成されるので、それから炒めたり、煮たりすると、血液サラサラ効果はより発揮される。また、タマネギはケルセチンという成分を含み、脂肪の吸収抑制、抗酸化作用、ぼけ防止にも効果が期待できる。ケルセチンは食用部分よりも茶色の皮により多く含まれている。スープやカレー料理などで煮込むとよい。

涙なしでタマネギを切る、誰でもできるやり方とは？

タマネギを切る時涙が出るのは細胞に含まれているアリルプロピオンという物質が瞬間的に飛び散るため。この物質は温度が低いと飛び散らないので、冷蔵庫で冷やしておき、鋭利な包丁でサッと切って、水を入れたボウルに放つとよい。

逆に、台所に転がしておいたのを切れない包丁でザクザクやると、涙でビショビショになる。

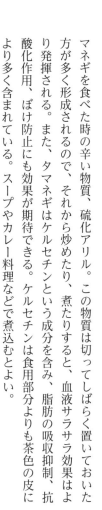

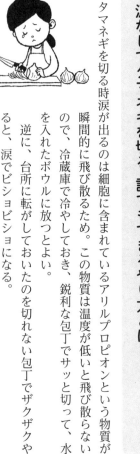

昔は玄米を食べていたのに、なぜ秀吉時代以降は白米か？

玄米が見直されブームになっているが、日本人が白米を食べ出したのはせいぜい４２０年前くらいからで、それまではずっと玄米か半搗《つ》き米を食べていた。そして、これが少ないおかずでも十分なくらい、体の健康にはよかった。ミネラルやビタミンＢ群など主要な栄養素をほとんど含んだ「栄養食」だからだ。豊臣秀吉が死んだ頃から茶懐石の影響で白米を食べるようになり、炊くのが簡単、しかもおいしいというので急速に広まった。茶懐石にはおかずがたくさん出るので白米でも栄養が摂れ、一般にもだんだん広まった。

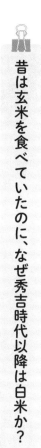

料理の「さしすせそ」には、どんな理由があるか？

煮物など日本料理の味つけの順番が「さしすせそ」であることはよく知られている。砂糖、塩、酢、しょう油（せうゆ）、味噌の順に入れるのだが、なぜかというと、例えば塩は砂糖より分子が小さいので食材の内部に早くしみ込み、後から砂糖を入れても味つけできなくなるからだ。また、塩は食材の組織を引き締めるので、後から砂糖を入れても味がしみ込まない。塩分系は砂糖の後に入れるのが常識。なお、この他に日本料理では酒やみりんをよく使う。酒は砂糖よりも早く入れるが、みりんは味噌よりも遅く最後に入れる。

納豆100グラムにはものすごい数の菌がいる。どれくらいの数か？

納豆が体にいいのは納豆菌が腸の中で善玉ビフィズス菌の増殖を助け、ビタミンの合成を助け、悪玉腸内菌の活動を抑えるからだが、100グラムの納豆の中に納豆菌がどれくらいの数生息しているか知っているだろうか。なんと1000億個である。昔はわらについた天然の菌を使っていたが、現在は、バイオ技術で培養した菌を使ってつくっている。

酒席の前に牛乳を飲むと、なぜ悪酔いしないいか？

酒は肝臓で分解され、アセトアルデヒドに変えられ、さらに酢酸となって体外に排出される。その時、肝臓はたんぱく質、脂質、ビタミンB群、ビタミンCなどを大量に消費するので、これらの栄養分を豊富に含む牛乳を飲んでおけば活性化され悪酔いしない。牛乳の被膜が胃壁を保護して悪酔いしないという俗説は間違い。

酢を飲むと、なぜ疲れが取れるか？

「酢を飲むとサーカスの人のように体が柔らかくなる」という風説は誤解だが、「酢を飲むと疲れが取れて、健康維持に効果的」というのは本当の話だ。酢には脂肪の代謝を活発にし、筋肉にたまって疲労の原因となる乳酸やピルビン酸を分解する作用がある。天然醸造の酢や黒酢を飲むと疲れが和らぐのはこのためだ。ただし、合成酢は選ばないこと。

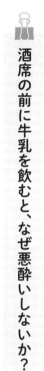

はじめタマネギはコレラの特効薬だった？

中央アジア原産のタマネギはイランやエジプトでは昔から栄養食品として食べられていた。日本には明治時代にアメリカから伝わったが、辛みもあり巨大なラッキョウのようだと評判はよくなかった。しかし、明治10年代にコレラが流行し、タマネギに即効性の薬効があるという風評が流れ、人々が食べるようになり、料理も工夫された。

なぜ、しじみ汁は肝臓に効くか？

しじみにはタウリンがたくさん含まれているので、肝臓の代謝を活発にし胆汁の分泌を促す。実験によると、肝臓病を発病させたネズミにしじみ汁のうわずみ液を与え続けると、与えなかったものに比べ、症状がかなり緩和されたという。急性肝炎や肝臓ガンが治るというわけにはいかないが、慢性の肝臓病や二日酔いには効果を期待していい。

コーヒーが苦く感じる日はストレスがたまっている。なぜか？

味覚には甘味、塩味、酸味、苦味、旨味があるが、このうち甘味と塩味は生理的な条件に左右され、酸味と苦味は情緒的な条件つまり気分に左右されやすい。生理的条件とは、疲れた後に甘いものが欲しくなり、汗をかきのどが渇いた時は塩分の少し入ったドリンクがいいといったこと。一方、情緒的な条件とは、気分のいい時にはコーヒーはおいしいが、ストレスがたまると苦く感じたりすること。だから、いつもと同じ店なのにコーヒーが苦く感じられる日は強いストレスを受けている可能性が強い。

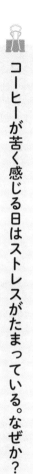

白い小麦粉からつくるのに、なぜラーメンは黄色か？

うどん、そうめん、スパゲティなどの麺類は小麦粉を原料につくられるが、なぜかラーメンだけは黄色い。小麦粉は白いのになぜだろうか。その秘密は、うどんやそうめんが塩と水でこねるのに対し、ラーメンは炭酸カリウムなどでつくられたかん水というアルカリ液でこねているからだ。かん水を使うのはラーメン独特の匂いと縮れを演出するため。食品添加物にうるさい人のための、かん水を使わない製法もあるが、ラーメン好きには匂いと縮れも味のうちだから、やはりかん水のラーメンでなくてはがまんならない。

濃口と薄口では、薄口しょう油の塩分が濃い。なぜか？

これはつくり方に原因がある。しょう油は醸造の過程で糖分とアミノ酸の反応が大きいと色が濃くなるが、この反応をコントロールするのが塩分である。すなわち、この時、塩分を濃くすると色が薄くなり、塩分を抑えめにすると色が濃くなる。だから、薄口しょう油とは塩分を濃くすることによって色を薄くし、アミノ酸の反応を抑えて仕上げたものである。塩分控えめにしたい人は間違えないようにしてもらいたい。

マツタケは「虫食い」の方がうまい。なぜか？

店頭のマツタケはどうしても、姿のいいものを選びたくなるが、それは賢くない。青物市場のプロによると、香りがよく、おいしいのは、むしろ姿のよくない「虫食い」の方だという。昆虫は目よりも嗅覚が発達しているので、香りのいいマツタケにすみつくからである。「虫食い」マツタケは、軸がブヨブヨしているので触るとすぐわかる。パンパンのマツタケに虫はいない。料理をする時は塩水につければ虫は自分で出ていく。虫食い部分は捨てなくてよい。

白いダイコンを煮ると、なぜ半透明になるか？

ダイコンが白いのは、微小な穴が無数にあり、そのため表面が凸凹になっていて、光を乱反射するからである。可視光線は混ざり合うと白く見える。この（微小な）穴だらけのダイコンを煮ると、水が穴の中に入り込み空気を追い出す。すると光を乱反射しなくなり、水と同じように透明度が高くなるのである。

夫婦ゲンカをしてダイコンをおろすと辛くなる。なぜか？

おろしソバには辛いダイコンおろしを好む向きも多いが、シラスや焼き魚には甘みのあるまろやかな方がいい。昔から、「ダイコンは怒っておろすな」といわれる。腹立ちまぎれに荒っぽくおろし金にかけると辛みが分解されないまま残るからだ。味わいのあるダイコンおろしは細かい刃のおろし金でゆっくり時間をかけてする。それでも辛い時には、小さじで半分くらいの酢を混ぜるとよい。酢は多すぎてはいけない。

フグ料理屋ののれんに、なぜ「鉄砲」と書いてあるか？

「鉄砲」の意味は「当たると死ぬ」だ。昔といっても江戸時代だが、フグの毒の原理がよくわかっていなかった時代は当たって亡くなるのが珍しくなかった。フグの毒はテトロドトキシンというが、たった0・5ミリグラムで30人を呼吸困難で死なせてしまうほど強力だ。血清はないので、呼吸ができるようになるまで人工呼吸器につないで回復を待つしかない。ちょっとでも口に入ると危険な代物だが、最近になって、人気が高くなっているのは料理の管理システムが確立されたからである。もちろんおいしいからでもある。

フグの毒で、なぜ巨大なクジラでもやられてしまうか？

巨大なクジラでもフグの毒に当たると死ぬ。なぜなら、フグ毒は神経を麻痺させるからである。だから、全身に神経が張り巡らされている動物は、人間もイルカもクジラも、みんなやられてしまう。一方、やられるような高級な神経を持っていないタコ、イカなどは平気である。毒を持っているのはアカメフグ、ヒガンフグ、マフグなど。1月から4月の産卵期には特に毒性が強くなる。

パンは焼くと固くなるのに、なぜ餅は柔らかくなるか？

パンも餅もできたてはホカホカで柔らかいが時間を置くと固くなる。固くなったパンを焼くとさらに固くなるが、餅は中が柔らかくなる。どちらも主成分はデンプンなのにどこが違うのかというと、小麦には約25パーセントのアミラーゼが含まれているのに対し餅米には含まれていない。アミラーゼが含まれているとデンプンの劣化が早いので、時間がたつと、焼いても元の柔らかさには戻らない。

固ゆで卵の黄身の表面が黒緑になるのはなぜか？

卵の白身にはアミノ酸がたくさん含まれているが、長い時間熱を加えるとその中のシスチンという物質から硫化水素ができる。一方、黄身には鉄が含まれているので、硫化水素と結合して硫化第一鉄ができる。つまり、白身と黄身のそれぞれに含まれる物質がくっついて硫化第一鉄ができるので、白身と接している黄身の表面だけが黒っぽく変色するわけだ。ゆでる時間を短くすると変色は起こらない。

トンカツには、なぜ、キャベツの千切りが添えられているか？

トンカツは豚肉を揚げているので、栄養学的には高たんぱくで体液が酸性に傾く。これを中和させるのがアルカリ性食品のキャベツだ。キャベツには胃腸の調子を整えるビタミンUが豊富に含まれており揚げ物と一緒に食べるのは理にかなっている。

なぜ、ドーナツは真ん中に穴が開いているか？

もともとのドーナツは小麦粉（ダウ）にバター、卵、砂糖を混ぜ、クルミなどの木の実（ナッツ）をのせたボール状の揚げ菓子だった。ダウナッツが現在のドーナツとなったのは、1847年にアメリカ・メイン州のグレゴリーという人が、母親がダウナッツをつくっているのを見ていて、真ん中が半生にならないよう穴を開けることを考えついたことがきっかけだ。

冷蔵庫に卵を保存する時は尖った方を下にする。なぜか？

丸い卵もよく見ると、一方は尖り、他方は丸い。卵は生きているので呼吸をしている。卵の中に気室という空気の入った部分があり、そこを通して外部と空気のやり取りをしているのだ。この気室は丸い方にあるので、冷蔵庫では尖った側を下にし、丸い側を上にした方がいい。空気は上に行くのでこの方が卵も楽に呼吸ができる。

白菜漬けは塩漬けなのに、なぜ酸っぱいか？

ほどよく漬かった白菜漬けは酸っぱくておいしい。炊きたてのご飯によく合う。しかし、塩漬けなのに、なぜ酸っぱいのだろうか。それは、まさに、塩漬けだからである。というのは、生の白菜はその95パーセント以上が水分だが、塩漬けにすると浸透圧で水分が追い出される。水分が少なくなると、もともと白菜に少量含まれていた乳酸菌の繁殖条件がよくなって増殖を始め、その結果、酸っぱい風味が生まれる。

料理屋で出される紙鍋は、なぜ燃えないか？

紙鍋は旅館や料理屋で出される紙でつくった鍋のことだが、土鍋や金属鍋と同じように火にかけて、煮ながら食べる。紙は火を近づけたらすぐ燃えるのに、なぜ燃えないかというと、鍋の中に水が入っているからだ。水はどんなに熱しても１００度までしか温度は上がらず、紙が燃え始める３００度以上にはならない。だから燃えない。

8章

飲み屋のちょうちんは、なぜ赤色か？

【食べ物】雑学その②

なぜ、ドジョウ料理を「どぜう料理」というか？

口から入れるものは縁起のいい方がよいというのが日本料理の考え方。料理旅館などで、小皿に品数多く料理を出すのは、その方がにぎやかで縁起がいいからだ。皿数が多いのがいいといっても4は死につながるので4皿は避ける。そこで「ドジョウ」だが、これだと4文字。縁起が悪いので3文字の「どぜう」となった。

なぜ、ビアホールで飲むビールはうまいか？

居酒屋よりビアホールの生ビールがうまいというのは確かである。しかし、ビール会社によれば、缶ビールや瓶ビールと区別して製造しているわけではないという。ただ、消費量が多いので、新鮮なビールが次々と出荷され、また温度管理がしっかりしている上に、店員のつぎ方も上手なので、それらがうまい要因になっているのではないか。家庭でも製造年月日の新しいものを、ほどよく冷やして飲むとおいしいハズだという。ただ、ビアホールのあの騒がしさもおいしさの1つだとすると、これは家庭では真似ができない。

ビールでは体の渇きはいやせない。なぜか？

運動した後のビールはうまい。体の隅々にまでしみわたるようだ。しかし、ちょっと待った！　NHK番組「ためしてガッテン」の調査実験によると、ビールを飲んだ後はすぐトイレに行きたくなり、飲んだビールの1・5倍もの水分が排出されてしまうという。これはビールの利尿作用によるもので、その結果、血液濃度は飲む前よりドロドロになる。

飲み屋のちょうちんは、なぜ赤色か？

色彩心理学によると、赤は交感神経を刺激し胃腸の働きを促すので食欲が刺激される。それに赤は遠くからでもよく見える。酔っていると赤しか目に入らなくなる。

「イギリス人は紅茶、イタリア人はコーヒー」には理由がある。なぜか？

イギリス、中国、インド、日本ではお茶が飲まれ、イタリア、ドイツ、フランスではコーヒーが好まれる。この違いに理由はあるだろうか。あるのだ。お茶は葉に含まれているタンニンを溶かし出して味わうものだが、鉄分やマグネシウムがたくさん含まれている硬水でいれるとおいしくない。お茶が好まれるイギリスや日本の水は硬度の低い軟水である。イタリアやドイツの硬水は苦みがあるのでコーヒーが向いている。

ヨーロッパで食べる日本料理はまずい。なぜか？

どんな腕のいい料理人がつくってもまずい。水が違うからである。飲料水には硬度という目安があるが、その値は、含まれているカルシウム、マグネシウムなどミネラルの量で決まる。ヨーロッパ大陸の水は硬度が高いので硬水、日本の水は低いので軟水だ。比較すると、5～20倍くらいヨーロッパ大陸の水の方が硬度は高い。

ミネラルが多いとたんぱく質が硬くなり、味もまずくなるので、西洋料理では肉をワインで長時間煮て柔らかくしたり、牛乳や生クリームを加えてこってりとした味にしている。また、スープをたくさん取っていろんな料理に使うが、これは、材料の骨にあるコラーゲンを加熱してゼラチンとし、それによってミネラルを取り除いているのである。日本料理には、こうしたミネラル対策がないので、ヨーロッパでは腕のいい料理人でもおいしい日本料理をつくることはできない。

なぜ、柏餅や桜餅に葉っぱを巻くか？

植物は静かに生えているだけのように見えるが、実際は、細菌やカビなど有害なものを殺し、繁殖させなくする物質（フィトンチッド）を出している。柏餅や桜餅の葉、寿司につきものの笹にもフィトンチッド効果があり、見た目がよく、香りがいいというだけでなく腐敗を防いでいる。弁当入れに使う折箱や竹の皮なども同様だ。

「雨水はまずく、地下水はうまい」のはなぜか？

雨水には海水からくる塩化ナトリウム、砂塵の中にあるケイ酸アルミ、空中を漂う排気ガス、昆虫など生物の死骸から出てくるアンモニア、バクテリアなどが含まれているのでまずい。これが山林や森のろ過作用によって地下水になると浄化された水となるだけでなく、マグネシウム、カルシウム、ナトリウムなどを含んだおいしい水となるのである。また、地下水は温度も10度前後で、これは、水が一番おいしく感じられる温度である。

海洋深層水が体にいいといわれるのは、なぜか？

200メートル以上の深海の海水が海洋深層水だが、この深さになると太陽光線が届かないので植物プランクトンがいない。そのため植物プランクトンによって大量に消費されるリン酸やケイ酸などのミネラルが豊富に残っている。また、大腸菌など細菌に汚染されていないので非常に清潔な水といえる。この2つの特徴が体にいいというので、海洋深層水を使ったビールや清涼飲料水、医薬品が注目されている。

なぜ、沸騰させた水でつくった氷は溶けにくいか?

暑い夏には、麦茶に、そうめんにと冷凍庫の氷はフル回転する。すぐできるといっても、いったんできた氷は長持ちする方がいい。それには沸騰させた水を冷まして凍らせるといい。水道水でつくったものより30分は長持ちする。なぜかというと、水に溶け込んでいた空気が沸騰すると追い出され、より密度の濃い氷となるからだ。

なぜ、海藻を食べると生活習慣病になりにくいか?

海藻には水溶性の食物繊維が大量に含まれている。コンブやワカメがヌルヌルするのはアルギン酸などの食物繊維のせいである。日本人は奈良時代からこれら海藻を食べてきたが、これは世界でも稀有な例だという。食物繊維が便通をよくし、大腸ガン、糖尿病などの生活習慣病予防に役立つことは今や常識だが、洋風の食生活は低食物繊維になりやすい。そのため、欧米人には大腸ガンや糖尿病が多い。肉食好きは、心して、ヒジキの煮物、モズク酢、ワカメの味噌汁、焼き海苔、大豆のコンブ煮などを摂るべきである。

疲れると、なぜ甘いものを食べたくなるか？

登山の非常食にチョコレートは欠かせない。とりあえず元気を回復できるからだ。疲れは筋肉や脳がエネルギーを消費した結果、その代謝物の乳酸など疲労物質がたまって引き起こされる。だから、疲れを取るには疲労物質をなくせばいいわけだが、それにはエネルギー源を補給しなくてはならない。すぐエネルギーになる甘いものを食べるとよい。

うどんをゆでる時は塩を入れ、ソバには入れない理由は？

うどん、そうめん、スパゲティなどの麺の生地を小麦粉からつくる時は、粉に含まれているたんぱく質を粘性のあるグルテンにするために塩を加える。こうしてできた麺を塩なしの湯でゆでると、浸透圧で水分が麺にしみ込んでふやけてしまう。コシのある麺にゆで上げるには、湯に塩を入れ、浸透圧を調整する必要がある。一方、ソバは生地に塩を使っていないので、塩を入れてゆでる必要はない。

カンテンとトコロテンは、どこが違うか？

どちらも海藻のテングサが原料だがつくり方が違う。透明な紅色のテングサを干した後、煮て柔らかくして固めたものがトコロテン。干した時点で紅色は消え透明になる。カンテンはトコロテンを凍らせた後、解凍し、それをさらに煮て不純物を取り除く。これをさらに乾燥させる。つまり、不純物があるかないかの違いだが、もちろん食べ方も違う。

渋柿を干柿にすると、なぜ渋みが消えるか？

渋柿を口に入れるとおそろしく渋いのはシブオールというタンニンのせいだ。甘柿にも含まれている。ただ、甘柿の場合はこれが、熟し始めた早い時期にアセトアルデヒドなどと結合し黒ゴマのような不溶性の塊になる。不溶性だから唾液に溶けない。だから渋くない。一方渋柿は果肉の水分にシブオールが溶けて固まらない品種だ。しかし、完熟させ干柿にして熟成を続けるとシブオールが不溶性になり、渋みは消える。

あんパンには、なぜヘソがあるか？

日本で最初のパン屋を開いたのは銀座・木村屋の木村安兵衛で、1869年（明治2年）のことだ。はじめ東京・芝に店を出したが、その後、銀座に移り、あんを入れたパンを考えた。これが大ヒットし、評判は明治天皇の耳にも届いた。そして献上となったわけだが、市販と同じではははばかられると考え、塩漬けのサクラの花びらを真ん中に埋め込んだ。その後、このヘソ（サクラの花びら）のあるパンは市販され人気商品となった。それが今に引き継がれている。

サラダにかまぼこを入れると、なぜ固くなるか？

かまぼこの原料はスケトウダラやイシモチ、ハモなど魚のすり身だから動物性たんぱく質だ。動物性たんぱく質は、しめ鯖や酢ダコでわかるように、酢につけると身がしまる。サラダのマヨネーズやドレッシングには酢が含まれているので、かまぼこはしまって固くなってしまうのだ。

本当の雑食人種は中国人より日本人？

中国人はありとあらゆる動物を何でも食べるといわれるほどの雑食で知られるが、比較してみると日本人はさらにその上を行く。ネコやコウモリ、ゲジゲジなど日本人が口にしないものを中国人は食べるが、日本人もホヤや蜂の子をはじめ、薬としてだがセミの幼虫やミミズも食べる。江戸時代の話だが飢饉の時は土塀の中のわらや彼岸花まで食べた。中国料理の食材は８００種類くらいだが、日本料理は１５００種類と圧倒している。

生シイタケより干しシイタケの方が体にはいい？

干しシイタケにはカルシウムの吸収を促すビタミンDが大量に含まれているが、生シイタケには含まれていない。生シイタケに大量に含まれているエルゴステロールという成分に太陽の紫外線が当たるとビタミンDに変わる。3時間くらい天日干しをしただけで、生シイタケの10倍以上のビタミンDができる。ビタミンB2もできる。

豆腐は新鮮なのに、なぜ「豆」が「腐」るか？

われわれが知っている漢字の知識で考えると、「豆を腐らせたもの」が豆腐なのかと思ってしまいそうだが、そうではない。「腐」には腐るということの他に、ブヨブヨで柔らかいという意味がある。豆腐は古代中国の唐の時代に考えられた食品（唐の時代の文献にはじめて登場する）だが、日本で広く食べられるようになるのは室町時代以降である。

なぜ、関東の味つけは濃く、関西は薄味か？

関東は徳川家が来るまでは京都からはるか離れた片田舎だった。武士をはじめ人々は皆、農業に従事していた。激しい労働をするこれらの人々は塩分の多い食事を好む。この伝統が定着して関東では濃い目のしょう油味となった。対する関西は京都を中心に一大消費センターだった。激しい労働は少ない。消費階級が上品な薄味の伝統を育てたのである。

なぜ、薬は冷蔵庫にしまっておくのがよいか？

市販の薬の注意書きには「冷暗所に保管」と明記してあるものもあるが、明記してなくても冷蔵庫に保管しておくとよい。医者からもらった薬も冷蔵庫がよい。なぜなら、薬は湿気と相性の悪いものがほとんどだから、だ。冷蔵庫の中は常に乾燥しているので救急箱代わりに保管しておくにはちょうどいい環境である。

なぜ、鯖《さば》寿司のことをバッテラというか？

バッテラはポルトガル語で「小さな船」という意味である。永井荷風の小説『夏の町』に「その時分にはボオトの事をバッテラという人も多かった」という一節がある。その時分とは明治時代だ。バッテラは小船（ボート）のような形をしている。だからこの鯖寿司は、はじめ「バッテラ形の寿司」「バッテラ寿司」と呼ばれていたが、そのうち「寿司」が取れてバッテラだけになった。関東にはない。

豆腐の味噌汁に、なぜワカメを入れるか？

畑の肉といわれる高たんぱくで栄養豊富な大豆はいいことずくめの食品だが、弱点が1つある。それは体の中のヨウ素を排出させることだ。ヨウ素は細胞の新陳代謝力を高める甲状腺ホルモンの材料だから人体に欠かすことができない。だから、日本では昔から大豆を食べる時ヨウ素たっぷりの海藻を一緒に食べた。ヒジキと大豆、コンブと大豆の煮豆、湯豆腐とコンブなどだ。豆腐の味噌汁にワカメを入れるのも理にかなっている。

豆腐、納豆、揚げ、枝豆など大豆食品を食べると脳によい。なぜか？

豆腐や納豆などの大豆食品を食べると頭がよくなるといわれる。それは大豆に含まれているレシチンが脳の働きを活発にするからである。脳は1000億個以上の脳細胞のネットワークとでもいうべきものだが、ネットワークの伝達をになっているのが神経物質のアセチルコリン、その原料となるのがレシチンだ。ウナギ、鶏卵、ゴマ、大豆に豊富に含まれているが、中でも大豆のレシチンは脳の活性化には効果てきめんである。

なぜ、まな板は熱湯より水で洗う方がいいか？

熱湯消毒ができるので、水より熱湯の方が清潔を保てるように思える。ところが、まな板の表面には肉、魚などいろんなたんぱく質が付着しているので、熱湯をかけると、凝固してまな板表面にできた包丁傷の中に残ってしまう。凝固したたんぱく質の表面には膜ができるので、切り傷の中はばい菌にとって格好の繁殖場所となるのだ。だから清潔に保つには、使う度に水で洗い流し、時々、塩素剤での殺菌や日光消毒をするのがよい。熱湯を過信してはいけない。

なぜ、同じ木から採れるのに、赤コショウ、黒コショウ、白コショウか？

インド原産のコショウの木になる実を乾燥してすりつぶしたものがコショウだが、熟れ具合がどの段階の実を使うかによって色が異なる。黒コショウは赤いコショウの実が熟してしまう前に収穫し乾燥させる。すると赤い皮が黒く変色する。赤コショウは赤い実が熟してきたら収穫し変色しない程度に乾燥させる。白コショウは赤い実が完熟してから収穫し、皮を取り去って白い部分を乾燥させる。

コショウには強力な殺菌作用があり、冷蔵技術のなかった大航海時代には食の必需品。牛肉との相性がよい。

尾頭つきの正しい食べ方を知っている？

「おかしらつき」を、半分（もしくは3つ）に切った魚の、頭のついている方と誤解している人もいるが、尾と頭の両方がそろっていなくては意味がない。昔は、鶴が出され、焼いた肉のそばに頭や尾羽を添えた。頭から尾までそろっているのが縁起がよいとされた。鯛の尾頭つきは頭を左にして出されるが、食べ方は、上の身を食べ終わったら骨をはずし、下の身を食べる。引っ繰り返して食べるのは無作法である。

なぜ、「腐っても鯛」か？

本物といわれるものは落ちぶれても値打ちがあるというのが「腐っても鯛」の意味だが、その背景には、献上品として鯛が優れものであったことがあげられる。めでたいの「たい」に通じるだけでなく、他の魚に比べ、日持ちがいいのである。なぜなら、鯛は海の深いところに生息しているので、強い水圧で身が引き締まっており、腐りにくい。だから、冷蔵技術がなかった昔は献上贈答品として重宝されたのだ。

めでたい日に、なぜ赤飯を食べるか？

日本に東南アジア方面から米が伝わったのは縄文時代の終わり頃とされている。この米は赤みを帯びた種類で、豊臣秀吉の時代までこれを食べていた。秀吉の時代に日本に来た朝鮮の使者が「日本人は赤い飯を食べている」と書き残している。神様の前に出るおめでたい日は、昔を演出して赤飯を食べるのである。

和ガラシは、なぜお湯で溶いた方が辛いか？

和ガラシは、カラシ菜（アブラナ科）のタネを粉末にしたものだが、その辛みのもとはアリルカラシ油という刺激物質。アリルカラシ油は、普段はブドウ糖と結びついていて辛くも何ともないが、水分があると酵素の働きで分離しづらくなる。酵素がよく作用するのは40度なのでお湯の方が早く辛くなる。

コンブだしはあるのに、なぜワカメだしはないか？

味には甘味、酸味、塩味、苦味の４つの基本的なものの他に、これらに分類できない「うまみ」があるが、だしはこのうまみを動物食品や植物食品から抽出したものである。よく知られているところでは、コンブからはグルタミン酸、貝類からはコハク酸、カツオからはイノシン酸といった具合。で、ワカメには、このようなうまみ成分は含まれていない。

本書は、新講社より刊行された『脳にウケる おもしろ雑学』を、文庫収録にあたり改題したものです。

坪内忠太（つぼうち・ちゅうた）
１９４６年岡山県生まれ。慶應義塾大学卒。著述家。書籍編集のかたわら、「雑学」を収集。その知識を駆使して、累計65万部超のベストセラー『時間を忘れるほど面白い雑学の本』（竹内均・編／三笠書房《知的生きかた文庫》）シリーズの執筆にも協力。著書に、累計30万部超のベストセラー『子どもにウケるたのしい雑学』シリーズ、『日本語おもしろい』『日本語雑学で「脳の体操」』『生きものの謎クイズ』（以上、新講社）の他、多数。

知的生きかた文庫

アタマが1分《ぶん》でやわらかくなる
すごい雑学《ざつがく》

著者　坪内忠太《つぼうちちゅうた》
発行者　押鐘太陽
発行所　株式会社三笠書房
〒一〇二―〇〇七二　東京都千代田区飯田橋三―三―一
電話〇三―五二二六―五七三四〈営業部〉
〇三―五二二六―五七三一〈編集部〉
https://www.mikasashobo.co.jp
印刷　誠宏印刷
製本　若林製本工場
© Chuta Tsubouchi, Printed in Japan
ISBN978-4-8379-8680-5 C0130

＊本書のコピー、スキャン、デジタル化等の無断複製は著作権法上での例外を除き禁じられています。本書を代行業者等の第三者に依頼してスキャンやデジタル化することは、たとえ個人や家庭内での利用であっても著作権法上認められておりません。
＊落丁・乱丁本は当社営業部宛にお送りください。お取替えいたします。
＊定価・発行日はカバーに表示してあります。

知的生きかた文庫

ビールを飲んでも飲んでも腹が凹む法

小林一行

太りやすく、多忙のあまり心が折れた私が発見した究極のノーストレス減量法。毎晩ビールを飲みながら25キロ減！　リバウンド0、数値も改善！

血流を改善するとたった1分で耳がよくなる！

今野清志

「え？　何？」「もう一回言って！」のストレスが消える！　薬を使わない治療法を確立し、3万人以上の治療をしてきた著者の独自のメソッド公開！

ズボラでもラクラク！
薬に頼らず血圧がみるみる下がる！

板倉弘重

血管を鍛える最強の方法！　知らないではすまされない、本当に望ましい血圧は、基準値より、かなり低いという真実。ラクラク「減塩テクニック」などが満載！

ズボラでもラクラク！
薬に頼らず血糖値がぐんぐん下がる！

板倉弘重

4人に1人のリスク、糖尿病を防ぐ！　勝負は40代から。美味しく飲んで食べる「ズボラ・ライフ」でそんなリスクとも簡単にさよならできます。

ズボラでもラクラク！
飲んでも食べても中性脂肪コレステロールがみるみる下がる！

板倉弘重

我慢も挫折もなし！　うまいものを食べながら！　最高のお酒を味わいながら！　好きに飲んで食べたいズボラな人でも劇的に数値改善する方法盛りだくさんの一冊！

C50390

知的生きかた文庫

超訳　孫子の兵法「最後に勝つ人」の絶対ルール　田口佳史

ライバルとの競争、取引先との交渉、トラブルへの対処……孫子を知れば、「駆け引き」と「段取り」に圧倒的に強くなる！　ビジネスマン必読の書！

超訳　老子の言葉「穏やかに」「したたかに」生きる極意　田口佳史

東洋思想研究の第一人者が解説する、仕事、人生に本当に役立つ「老子」の読み方、活かし方。このせち辛い世の中を、賢く生き抜く極意を紹介！

超訳　般若心経〝すべて〟の悩みが小さく見えてくる　境野勝悟

般若心経には、〝あらゆる悩み〟を解消する知恵がつまっている。小さなことにとらわれず、毎日楽しく幸せに生きるためのヒントをわかりやすく〝超訳〟で解説。

小さな悟り　枡野俊明

「雨が降ってきたから傘をさす」――それくらいシンプルに考え、行動するためのホッとする考え方、ハッとする気づき。心が晴れる99の言葉に出会えます。

気にしない練習　名取芳彦

「気にしない人」になるには、ちょっとした練習が必要。仏教的な視点から、うつうつ、イライラ、クヨクヨを〝放念する〟心のトレーニング法を紹介します。

C50367

知的生きかた文庫

断然面白い！ 雑学シリーズ

竹内 均【編】

時間を忘れるほど面白い 雑学の本

＊読み出すと眠れなくなる とっておきのネタを厳選！

一分で頭と心に「知的な興奮」を届ける本！「知っているようで知らない」疑問への答えや、身近に使う言葉、何気なく見ているものの面白い裏側を紹介。

もっと「話が面白い人」になれる 雑学の本

＊不思議！ 驚き！ 納得！ 楽しい「知識の泉」にどっぷり浸かる本

「なぜ乾電池は使わなくても減る？」「薬を飲む〝食後〟は何分後？」など、素朴な疑問にズバリ回答。世の中の意外な話が満載！

読み出したらとまらない 雑学の本

＊「まだ知らない」がこんなにあった！ 雑談力が上がる、大人のための珠玉ネタ

本書では一見ウソのような本当の話から、常識のウラをつく意外な知識まで幅広いジャンルの雑学を紹介。ページをめくるたびに病みつきになる本！

頭にやさしい 雑学の本

＊やめられないこの面白さ、殿堂入り！ 誰かに話したくなる「ネタ」満載

「南極と北極はどちらが寒い？」「帝王切開の〝帝王〟って誰のこと？」など、宇宙から人体の不思議まで、視界が広がる「驚きネタ」満載の決定版！

C40067